Histoires Courtes en Estonien

Apprendre l'Estonien facilement en lisant des histoires courtes

Lisandra Saar

greenthumbpublishing@gmail.com

Contenu

Introduction

Lire dans une langue étrangère est l'un des moyens les plus efficaces d'améliorer ses compétences linguistiques et d'enrichir son vocabulaire. Cependant, il est parfois difficile de trouver des supports de lecture attrayants, d'un niveau approprié, qui procurent un sentiment de réussite et de progrès. La plupart des livres et articles écrits pour des locuteurs natifs peuvent être trop longs et difficiles à comprendre ou contenir un vocabulaire de très haut niveau, de sorte que vous vous sentez dépassé et abandonnez. Si ces problèmes vous sont familiers, alors ce livre est pour vous !

Histoires Courtes en Estonien est une collection de 25 histoires courtes non conventionnelles et divertissantes qui sont conçues pour aider les apprenants de niveau débutant à intermédiaire D'estonien à améliorer leurs compétences linguistiques.

Ces histoires courtes créent un environnement propice à la lecture en incluant ;

- Un contenu linguistique riche dans différents genres pour vous divertir et vous exposer à une variété de formes de mots.
- Des histoires plus courtes en chapitres pour vous donner la satisfaction de terminer des histoires et de progresser rapidement.
- Des textes écrits à votre niveau afin qu'ils soient plus facilement compréhensibles et ne vous dépassent pas.
- Traduction française sur des pages alternées afin que vous puissiez vous y référer directement ligne par ligne tout en lisant l'histoire D'estonien.
- Le vocabulaire clé est imprimé en gras tout au long

de l'histoire et de la traduction pour vous aider à comprendre plus facilement les mots qui ne vous sont pas familiers.

- Des questions de compréhension pour tester votre compréhension des événements clés et vous encourager à lire plus en détail.

Que vous souhaitiez enrichir votre vocabulaire, améliorer votre compréhension ou simplement lire pour le plaisir, ce livre est le plus grand pas en avant que vous ferez dans vos études cette année. Histoires Courtes en Estonien vous apportera tout le soutien dont vous avez besoin, alors asseyez-vous, détendez-vous et laissez libre cours à votre imagination en vous laissant transporter dans un monde magique d'aventures, de mystères et d'intrigues - en Estonien!

Comment utiliser ce livre

La lecture est un talent difficile à maîtriser. Nous utilisons toute une série de micro-compétences pour nous aider à lire dans notre langue maternelle. Par exemple, nous pouvons parcourir un passage pour en comprendre le sens, ou l'essentiel. Nous pouvons aussi passer au peigne fin les nombreuses pages d'un horaire de train à la recherche d'une heure ou d'un lieu précis. Si ces micro-compétences sont une seconde nature lorsque nous lisons dans notre langue maternelle, les recherches révèlent que nous en oublions souvent la plupart lorsque nous lisons dans une langue étrangère. Lorsque nous apprenons une langue étrangère, nous commençons généralement par le début d'un texte et le parcourons en essayant de comprendre chaque mot. Inévitablement, nous rencontrons des termes peu familiers ou complexes et nous sommes gênés par notre incapacité à les comprendre.

L'un des principaux avantages de la lecture dans une langue étrangère est que vous êtes exposé à un grand nombre de phrases et d'expressions utilisées dans des situations quotidiennes. La lecture extensive est un terme utilisé pour décrire la lecture pour le plaisir dans le but d'apprendre une langue. En d'autres termes, la lecture approfondie de manuels scolaires aide généralement à l'apprentissage des règles de grammaire et d'un vocabulaire particulier, mais la lecture extensive d'histoires aide à l'apprentissage du langage naturel.

Histoires Courtes en Estonien vous donnera l'occasion d'en apprendre davantage sur la langue naturelle D'estonien en usage, même si vous avez peut-être commencé votre voyage d'apprentissage des langues uniquement avec des manuels. Voici quelques conseils à garder à l'esprit lorsque vous lirez les histoires de ce livre pour en tirer le meilleur parti : Lorsqu'il s'agit de lire, le plaisir et le sentiment d'accomplissement sont essentiels. Vous en redemandez parce que vous aimez ce que vous lisez. Lire chaque histoire du début à la fin est la meilleure méthode pour prendre plaisir à lire des histoires et se sentir accompli. Par conséquent, la chose la plus cruciale est d'arriver à la fin d'une histoire. C'est en fait plus important que de connaître chaque mot.

Plus vous lisez, plus vous acquerrez de connaissances. Vous aurez rapidement une connaissance du fonctionnement de la D'estonien si vous lisez de gros livres pour le plaisir. Cependant, gardez à l'esprit que pour tirer tous les bénéfices d'une lecture extensive, vous devez d'abord lire un volume suffisamment important. Lire quelques pages ici et là peut vous apprendre quelques nouveaux mots, mais cela ne fera pas une différence significative dans votre niveau global de D'estonien.

Acceptez le fait que vous ne comprendrez pas tout ce que vous lisez dans un roman. C'est, sans aucun doute, le point le plus crucial ! N'oubliez jamais que le fait de ne pas comprendre tous les mots ou toutes les phrases est tout à fait acceptable. Cela ne signifie pas que vos compétences linguistiques sont insuffisantes ou que vos résultats sont médiocres. Cela indique que vous participez activement au processus d'apprentissage.

Guide de lecture

Afin de tirer le meilleur parti de la lecture d'Histoires Courtes en Estonien, il est préférable que vous suiviez ce processus de lecture simple en six étapes pour chaque chapitre des histoires :

1. Lisez le titre du chapitre. Réfléchissez à ce que pourrait être le sujet de l'histoire. Puis lisez l'histoire jusqu'au bout. Votre objectif est simplement d'atteindre la fin de l'histoire. Par conséquent, ne vous arrêtez pas pour chercher des mots et ne vous inquiétez pas s'il y a des choses que vous ne comprenez pas. Essayez simplement de suivre l'intrigue.

2. Lorsque vous arrivez à la fin de l'histoire, parcourez la traduction française pour voir si vous avez compris ce qui s'est passé et reprenez tout contexte qui vous aurait échappé.

3. Revenez en arrière et relisez la même histoire. Si vous le souhaitez, vous pouvez vous concentrer davantage sur les détails de l'histoire qu'auparavant, mais sinon, lisez-la simplement une fois de plus.

4. Ensuite, répondez aux questions de compréhension en Estonien pour vérifier votre compréhension des événements clés de l'histoire. Si vous ne comprenez pas entièrement les questions, ne vous inquiétez pas. Utilisez vos connaissances pour répondre du mieux que vous pouvez.

5. A ce stade, vous devriez avoir une certaine compréhension des principaux événements du chapitre. Si ce n'est pas le cas, vous pouvez relire le chapitre

plusieurs fois en utilisant la traduction pour vérifier les mots et les phrases inconnus jusqu'à ce que vous vous sentiez en confiance.

Une fois que vous êtes prêt et sûr d'avoir compris ce qui s'est passé - que ce soit après une ou plusieurs lectures de l'histoire - passez à l'histoire suivante et continuez à apprécier l'histoire à votre propre rythme, comme vous le feriez pour n'importe quel autre livre.

Ce n'est qu'une fois que vous avez terminé une histoire dans son intégralité que vous pouvez envisager de revenir en arrière et d'étudier le langage de l'histoire plus en profondeur si vous le souhaitez. Au lieu de vous inquiéter de tout comprendre, prenez le temps de vous concentrer sur ce que vous avez compris et de vous féliciter pour tout ce que vous avez fait.

Histoires Courtes
en Estonien

Tallinn

Tallinna linn on ilus koht. Tänavaid ääristavad **puud** ja hooned on kõik halli, valge ja musta eri toonides. See on rahulik linn, kuid õhus on tunda pinget. Sõja algusest on möödas kaks aastat. Kaks aastat on möödunud sellest, kui **pommid** hakkasid Tallinnale langema. Siinsed inimesed on õppinud sellega elama, kuid nad ei saa jätta mõtlemata, millal tuleb nende kord. Täna õhtul, nagu tavaliselt, on kõik oma kodudes kokku tõmbunud ja ootavad pommitamise algust. Aga täna on **teisiti**. Täna on õhus kummaline vaikus. Ükski lennuk ei lenda pea kohal ja ükski pomm ei lange taevast.

Järgmisel hommikul astuvad tallinlased ettevaatlikult välja. Tänavad on tühjad ja õhus valitseb õudne vaikus. Keegi ei tea, mida sellest arvata. Aeglaselt hakkavad **inimesed** oma kodudest välja tulema ja linna **avastama.** Nad leiavad, et kõik hooned on endiselt püsti ja kuskil ei ole mingeid kahjustusi. Nagu polekski sõda siin kunagi toimunud. Elanike seas hakkab kasvama lootus, kui kogu Tallinnas levib kuuldus, et linn on säästetud. Võib-olla tähendab see, et **sõda** on lõpuks ometi lõppenud? Võib-olla saavad nad lõpuks ometi hakata oma elu uuesti üles ehitama? Kuid just siis, kui inimesed hakkavad uskuma, et asjad hakkavad lõpuks ometi paranema, kuulevad nad lennukite **häält**

Tallinn

La ville de Tallinn est un endroit magnifique. Les rues sont bordées d'**arbres**, et les bâtiments sont tous de différentes nuances de gris, de blanc et de noir. C'est une ville paisible, mais il y a un sentiment de tension dans l'air. Cela fait deux ans que la guerre a commencé. Cela fait deux ans que les **bombes** ont commencé à tomber sur Tallinn. Les gens d'ici ont appris à vivre avec, mais ils ne peuvent s'empêcher de se demander quand leur tour viendra. Ce soir, comme d'habitude, tout le monde est blotti dans sa maison, attendant que les bombardements commencent. Mais ce soir, c'est **différent**. Ce soir, il y a un étrange silence dans l'air. Aucun avion ne passe au-dessus de nos têtes et aucune bombe ne tombe du ciel.

Le lendemain matin, les habitants de Tallinn sortent prudemment. Les rues sont vides et il y a un silence étrange dans l'air. Personne ne sait ce qu'il faut en penser. Lentement, les **gens** commencent à sortir de chez eux et à **explorer** la ville. Ils constatent que tous les bâtiments sont encore debout et qu'il n'y a aucun dommage. C'est comme si la guerre n'avait jamais eu lieu ici. Un sentiment d'espoir commence à naître parmi les habitants, alors que la rumeur se répand dans tout Tallinn que la ville a été épargnée. Peut-être cela

pea kohal. Ja siis hakkavad taas pommid langema.

Tallinna rahvas on **laastatud**. Nad olid julgenud loota paremale tulevikule, kuid nüüd tundub, et nende linn on hukule määratud. Kuid isegi keset kogu seda **pimedust** keelduvad nad alla andmast. Nad ehitavad oma linna ja elu uuesti üles, ükskõik mida see ka ei nõuaks. Sõda võis küll Tallinna hävitada, kuid ei suutnud murda selle rahva vaimu. Nad on linn, mis on käinud läbi **põrgu** ja tagasi, kuid nad ei anna kunagi alla. Ja nii jätkavad tallinlased võitlust, lootes paremale tulevikule. Ühel päeval on nende linn taas terve. Ja nad ei **unusta** kunagi seda, mida nad on läbi elanud.

signifie-t-il que la **guerre** est enfin terminée ? Peut-être peuvent-ils enfin commencer à reconstruire leur vie ? Mais au moment où les gens commencent à croire que les choses vont enfin s'améliorer, ils entendent le **bruit** des avions au-dessus de leur tête. Et les bombes recommencent à tomber.

Les habitants de Tallinn sont **dévastés**. Ils avaient osé espérer un avenir meilleur, mais il semble maintenant que leur ville soit condamnée. Mais même au milieu de toutes ces **ténèbres**, ils refusent d'abandonner. Ils reconstruiront leur ville et leur vie, quoi qu'il en coûte. La guerre a peut-être détruit Tallinn, mais elle n'a pas pu briser l'esprit de ses habitants. C'est une ville qui a traversé l'**enfer** et en est revenue, mais elle n'abandonnera jamais. Ainsi, les habitants de Tallinn continuent de se battre, dans l'espoir d'un avenir meilleur. Un jour, leur ville sera à nouveau entière. Et ils n'**oublieront** jamais ce qu'ils ont traversé.

Arusaamise küsimused

1. Milline on Tallinna linn?

2. Kui kaua on sõda kestnud?

3. Kuidas suhtuvad Tallinna elanikud sõjasse?

4. Mis juhtub ühel ööl sõja ajal?

5. Milline on Tallinna elanike reaktsioon järgmisel hommikul?

6. Miks on tallinlased lootusrikkad?

7. Mis juhtub, mis paneb tallinlased kaotama lootuse?

8. Kuidas tunnevad end Tallinna elanikud pärast sõda?

9. Mis on Tallinna rahva eesmärk?

10. Mida arvavad tallinlased oma linnast?

Questions de compréhension

1. À quoi ressemble la ville de Tallinn ?

2. Depuis combien de temps la guerre dure-t-elle ?

3. Que pensent les habitants de Tallinn de la guerre ?

4. Que se passe-t-il une nuit pendant la guerre ?

5. Quelle est la réaction des habitants de Tallinn le lendemain matin ?

6. Pourquoi les habitants de Tallinn sont-ils pleins d'espoir ?

7. Que se passe-t-il pour que les habitants de Tallinn perdent espoir ?

8. Comment les habitants de Tallinn se sentent-ils après la guerre ?

9. Quel est l'objectif des habitants de Tallinn ?

10. Que pensent les habitants de Tallinn de leur ville ?

Suitsusaunad

Esimest korda astusin suitsusaunasse koos vanaisaga.
Ta oli mulle sellest **aastaid** lugusid jutustanud ja ma
olin lõpuks piisavalt vana, et temaga koos minna. See
kogemus ei ole võrreldav millegi muuga, mida ma
kunagi olen tundnud. Niipea, kui me sisse astusime,
tabas **kuumus** mind nagu laine. Alguses võttis see mul
hinge kinni, kuid siis hakkasin end lõdvemalt tundma
ja mu lihased hakkasid lõdvenema. Istusime mõnda
aega vaikides, nautides lihtsalt soojust ja üksteise
seltskonda. Mõne aja pärast hakkas vanaisa mulle oma
lemmiksaunalugusid jutustama. Üks neist rääkis sellest,
kuidas ta sai nii kuumaks, et jäi minestama ja ärkas
saunast **väljas** lumega kaetud!

Teine lugu rääkis sellest, et mõnikord istuvad inimesed
saunas nii kaua, et nad hakkavad nägema asju, mida
tegelikult ei ole - näiteks **kummitusi** või loomi. Kuid
minu lemmiklugu oli see, kus kaks inimest, kes olid
vaenlased, said lõpuks sõpradeks pärast seda, kui nad
olid saunas koos aega veetnud - sest see näitas, et
kuigi me ei pruugi alati kellegagi ühte meelt olla, võime
siiski leida **ühise keele, kui me** oleme valmis koostööd
tegema. Pärast kõiki neid lugusid kuuldes ei suutnud
ma ära oodata, et kunagi ise suitsusauna proovida.
Mõned aastad hiljem sain lõpuks oma võimaluse. Olime
koos sõpradega **metsas** telkimas ja sattusime vana

Saunas à fumée

La première fois que je suis entré dans un sauna, c'était avec mon grand-père. Il me racontait des histoires à ce sujet depuis **des années**, et j'étais enfin assez âgé pour y aller avec lui. L'expérience était différente de tout ce que j'ai jamais ressenti. Dès que nous sommes entrés, la **chaleur** m'a frappé comme une vague. J'en ai eu le souffle coupé au début, puis j'ai commencé à me sentir plus détendu et mes muscles se sont relâchés. Nous sommes restés assis en silence pendant un moment, profitant simplement de la chaleur et de la compagnie de l'autre. Au bout d'un moment, grand-père a commencé à me raconter quelques-unes de ses histoires de sauna **préférées**. L'une d'elles concernait une fois où il avait tellement chaud qu'il s'était évanoui et s'était réveillé couvert de neige **à l'extérieur du sauna** !

Une autre histoire racontait que, parfois, les gens restaient assis si longtemps dans le sauna qu'ils commençaient à voir des choses qui n'existaient pas vraiment, comme des **fantômes** ou des animaux. Mais mon histoire préférée a été celle où deux personnes ennemies ont fini par devenir amies après avoir passé du temps ensemble dans le sauna - parce que cela montre que même si nous ne sommes pas toujours d'accord avec quelqu'un, nous pouvons toujours trouver

suitsusauna juurde, mis oli mahajäetud. Otsustasime seda proovida, kuigi teadsime, et see on tõenäoliselt ebaturvaline. Niipea, kui astusime sisse, tundsime **kividest** kiirgavat soojust.

Me kõik hakkasime üsna kiiresti higistama, kuid keegi ei tahtnud lahkuda, sest see tundus nii hea. Mõne aja pärast hakkas ühel mu sõbrannal **halb** enesetunne tekkima ja ta pidi minema välja värsket õhku võtma. Meie ülejäänud jäime veel mõneks ajaks sisse, enne kui me talle järgnesime. Kuigi see ei olnud kõige traditsioonilisem viis suitsusauna kogemiseks, oli see siiski hämmastav kogemus, mida ma ei **unusta** kunagi. Nüüdseks olen võtnud eesmärgiks külastada suitsusauna alati, kui saan. Selles kuumuses ja vaikuses on midagi sellist, mis aitab mul **lõõgastuda** ja mõtted selgeks teha. Ja kuigi mul ei ole alati kedagi, kellega lugusid jagada, naudin ma ikkagi seda, kui ma üksi saunas aega veedan. Sellest on saanud üks minu lemmikkohtadest ja ma tunnen end seal veedetud aja järel alati **paremini.**

un terrain d'**entente** si nous sommes prêts à travailler ensemble. Après avoir entendu toutes ces histoires, j'avais hâte d'essayer moi-même un sauna à fumée un jour. Quelques années plus tard, j'ai enfin eu ma chance. Un groupe d'amis et moi étions en train de camper dans les **bois**, et nous sommes tombés sur un vieux sauna à fumée qui était abandonné. Nous avons décidé d'essayer, même si nous savions que c'était probablement dangereux. Dès que nous sommes entrés, nous avons pu sentir la chaleur émanant des **pierres**.

Nous avons toutes commencé à transpirer assez rapidement, mais personne ne voulait partir tellement c'était bon. Au bout d'un moment, une de mes amies a commencé à se sentir **mal**, et elle a dû sortir pour prendre l'air. Le reste d'entre nous est resté à l'intérieur un peu plus longtemps avant de la suivre dehors. Même si ce n'était pas la façon la plus traditionnelle de faire l'expérience d'un sauna à fumée, c'était quand même une expérience incroyable que je n'**oublierai** jamais. Aujourd'hui, je mets un point d'honneur à visiter un sauna fumé dès que je le peux. Il y a quelque chose dans la chaleur et le silence qui m'aide à **me détendre** et à me vider l'esprit. Et même si je n'ai pas toujours quelqu'un avec qui partager des histoires, j'aime toujours passer du temps dans le sauna toute seule. C'est devenu l'un de mes endroits préférés et je me sens toujours **mieux** après y avoir passé du temps.

Arusaamise küsimused

1. Milline oli peategelase esimene kogemus suitsusaunaga?

2. Kuidas tundis peategelane end suitsusaunasse sisenedes?

3. Mida tegid peategelane ja vanaisa suitsusaunas?

4. Miks oli peategelase lemmiklugu kahest vaenlasest?

5. Mis juhtus, kui peategelane ja tema sõbrad proovisid vana, mahajäetud suitsusauna?

6. Kuidas tunneb peategelane end pärast suitsusaunas viibimist?

7. Millest aitab suitsusaun peategelasel oma meelt puhastada?

8. Kus on peategelase lemmikpaik?

9. Miks meeldib peategelasele üksi suitsusaunas aega veeta?

10. Mida tunneb peategelane alati paremini pärast seda, kui ta on teinud?

Questions de compréhension

1. Quelle a été la première expérience du protagoniste avec un sauna à fumée ?

2. Qu'a ressenti le protagoniste en entrant dans le sauna à fumée ?

3. Qu'ont fait le protagoniste et son grand-père à l'intérieur du sauna à fumée ?

4. Pourquoi l'histoire préférée du protagoniste était-elle celle des deux ennemis ?

5. Que s'est-il passé lorsque la protagoniste et ses amis ont essayé un vieux sauna abandonné ?

6. Comment le protagoniste se sent-il après avoir passé du temps dans le sauna à fumée ?

7. De quoi le sauna aide-t-il la protagoniste à se libérer l'esprit ?

8. Quel est l'endroit préféré du protagoniste ?

9. Pourquoi la protagoniste aime-t-elle passer du temps seule dans le sauna ?

10. Qu'est-ce que le protagoniste se sent toujours mieux après avoir fait ?

Martsipan

Martsipanil oli **kohutav** päev. Esiteks ärkas ta hilja ja pidi kiirustama, et oma tööks pagariäris valmis saada. Siis, kui ta tööle jõudis, noomis teda ülemus hilinemise eest. Ja kõige tipuks rikkus ta kogemata terve partii **koogikesi ära**, sest lisas liiga palju jahu. Marzipan tundis end väga masendatuna, kui tema vahetuse lõppedes oli ta väga masendunud. Töölt koju minnes püüdis Marzipan end rõõmsaks teha, mõeldes kõigile asjadele, mida ta armastas: **maitsvate** küpsetiste küpsetamine, sõpradega koos olemine ja oma kassi Snickersiga kallistamine. Kuid ükskõik kui palju ta ka ei püüdnud, Marzipan ei suutnud oma halba tuju kuidagi maha raputada. Kui ta koju jõudis, otsustas Marzipan end mõnusalt kuuma **vanniga** hellitada. Võib-olla see parandaks tema enesetunnet.

Ta lisas veele rahustavat lavendliõli ja ronis vette. Pärast vanni tundis Marzipan end veidi paremini. Ta pani selga oma mugava pidžaama ja otsustas endale tassi **teed** teha. Kui ta ootas, et vesi keema hakkaks, kuulis ta koputust uksel. Kes see võis olla? mõtles Marzipan, kui ta läks uksele vastama. Kui ta ukse avas, nägi ta **üllatusega** oma sõpra Lily seal seisvat, laia naeratusega näol. "Tere!" "Ma loodan, et sa ei pane pahaks, et ma ootamatult sisse vaatan," ütles Lily. "Ma

Massepain

Massepain passait une journée **terrible**. D'abord, elle s'est réveillée tard et a dû se dépêcher de se préparer pour son travail à la boulangerie. Ensuite, quand elle est arrivée au travail, son patron l'a grondée pour son retard. Et pour couronner le tout, elle a accidentellement gâché une fournée entière de **cupcakes** en ajoutant trop de farine. À la fin de son service, Massepain avait vraiment le moral dans les chaussettes. En rentrant chez elle, elle a essayé de se remonter le moral en pensant à toutes les choses qu'elle aimait : préparer de **délicieuses** friandises, passer du temps avec ses amis et faire des câlins à son chat, Snickers. Mais malgré tous ses efforts, elle ne parvenait pas à se débarrasser de sa mauvaise humeur. Quand elle est rentrée chez elle, elle a décidé de prendre un bon **bain** chaud. Peut-être que cela la ferait se sentir mieux.

Elle a ajouté un peu d'huile de **lavande** apaisante dans l'eau et y est entrée. Après son bain, Massepain se sentait un peu mieux. Elle a mis son pyjama confortable et a décidé de se faire une tasse de **thé**. Alors qu'elle attendait que l'eau bouille, elle a entendu frapper à la porte. Qui cela peut-il être ? se dit Massepain en allant répondre. Lorsqu'elle a ouvert la porte, elle a été **surprise de** voir son amie Lily debout, avec un grand

tahtsin lihtsalt sinu järele vaadata, sest ma tean, et täna oli raske päev." Marzipan oli oma sõbra **hoolivusest** liigutatud ja kutsus ta sisse teele. Kui nad vestlesid ja vahetasid mõtteid, hakkas Marzipan end taas rohkem iseendana tundma.

Selleks ajaks, kui Lily lahkus, sai Marzipan aru, et mõnikord on vaja vaid **head** sõpra - ja võib-olla isegi mõned lavendlilõhnalised mullid -, et oma päev täielikult ümber pöörata. Järgmisel päeval ärkas Marzipan ja tundis end palju paremini. Ta oli otsustanud võtta oma päevast maksimumi ja mitte lasta millelgi end alla suruda. Pärast kiiret **hommikusööki** suundus ta kevadiselt pagariärisse. Kohe, kui ta sisse astus, märkas Marzipan, et midagi on valesti. Tema ülemus nägi **vihane** välja ja ümberringi oli mitu klienti, kes nägid pettunud välja. Kiiresti sai selgeks, et keegi oli öösel kõik küpsetusvahendid varastatud! Marzipan tundis end kohutavalt - see oli lihtsalt veel üks asi, mille pärast tema ülemus **pahane oli.**

sourire sur le visage. "Salut !" "J'espère que ça ne te dérange pas que je débarque à l'improviste", dit Lily. "Je voulais juste prendre de tes nouvelles parce que je sais que la journée a été difficile." Massepain a été touchée par la **gentillesse** de son amie et l'a invitée à prendre le thé. Alors qu'elles discutaient et rattrapaient le temps perdu, Massepain a commencé à se sentir de nouveau elle-même.

Lorsque Lily est partie, Massepain s'est rendu compte que, parfois, tout ce dont on a besoin est un **bon** ami - et peut-être même des bulles parfumées à la lavande - pour changer complètement sa journée. Le lendemain, Massepain s'est réveillée en se sentant beaucoup mieux. Elle était déterminée à tirer le meilleur parti de sa journée et à ne pas se laisser abattre. Après un **petit déjeuner** rapide, elle se rendit à la boulangerie avec un élan dans le pas. Dès qu'elle est entrée, Massepain a pu constater que quelque chose n'allait pas. Sa patronne avait l'air **en colère**, et il y avait plusieurs clients autour d'elle, l'air frustré. Il est rapidement apparu que quelqu'un avait volé toutes les fournitures de boulangerie pendant la nuit ! Massepain s'est sentie mal à l'aise - c'était juste une autre raison pour laquelle son patron était en **colère**.

Arusaamise küsimused

1. Mida teeb Marzipan, kui ta töölt koju jõuab?

2. Mida ütleb Lily, kui ta näeb Marzipani?

3. Millest mõtleb Marzipan vannis olles?

4. Mida teeb Marzipan, kui ta näeb oma ülemust järgmisel päeval?

5. Miks oli Martsipani päev kohutav?

6. Mida teeb Marzipan, kui ta järgmisel päeval ärkab?

7. Millest mõtleb Marzipan tööle minnes?

8. Mida teeb Marzipan, kui ta näeb kliente pagariäris?

9. Mida arvab Martsipan vargast?

10. Mida teeb Marzipan loo lõpus?

Questions de compréhension

1. Que fait Massepain lorsqu'elle rentre du travail ?

2. Que dit Lily quand elle voit Massepain ?

3. À quoi pense Massepain lorsqu'elle est dans son bain ?

4. Que fait Massepain lorsqu'elle voit son patron le lendemain ?

5. Pourquoi la journée de Massepain a-t-elle été terrible ?

6. Que fait Massepain quand elle se réveille le lendemain ?

7. À quoi pense Massepain lorsqu'elle se rend à pied au travail ?

8. Que fait Massepain quand elle voit les clients dans la boulangerie ?

9. Que pense le massepain du voleur ?

10. Que fait Massepain à la fin de l'histoire ?

Pärnu

Päike oli loojumas Eesti väikelinna Pärnu kohal. Taevas oli kaunis oranžikas ja tähed hakkasid just välja tulema. See oli **rahulik** õhtu. Järsku kostis vali plahvatus. Linna kesklinnas asuv hoone varises kokku, prahti lendas kõikjale. Inimesed hakkasid karjuma ja jooksid igas suunas. Niipea kui tolm oli vaibunud, hakkasid inimesed kahju hindama. Paljud hooned hävisid või said plahvatuse tagajärjel kahjustada. Kõikjal oli **vigastatuid** ja mõned olid plahvatuse tagajärjel isegi surma saanud. Paanika hakkas puhkema, kui inimesed mõistsid, et see oleks võinud olla palju hullem, kui see oli. Nad ei teadnud, mis oli plahvatuse põhjustanud või kes võis selle eest **vastutada.**

Kui öö saabus, moodustati otsimisrühmad, et otsida **ellujäänuid**, kes võisid olla rusude alla jäänud või muul viisil võimetud end ise aitama. Esmaabi andsid endast parima, et jagada patsiente ja viia nad ohutusse kohta. Kuid kiiresti sai selgeks, et sellest saab kõigi asjaosaliste jaoks pikk öö. Järgmisel hommikul valitses linnas vilgas tegevus. Uurijad uurisid **rususid**, otsides vihjeid, mis oli plahvatuse põhjustanud. Hukkunute arv oli öösel tõusnud ja paljud inimesed olid ikka veel kadunud. Õhus valitses kurbus ja hirm. Kuid kogu selle **pimeduse** keskel oli ka headust ja kangelaslikkust.

Pärnu

Le soleil se couchait sur la petite ville de Pärnu, en Estonie. Le ciel était d'un bel orange, et les étoiles commençaient tout juste à sortir. C'était une soirée **paisible**. Soudain, il y a eu une forte explosion. Un bâtiment au centre de la ville s'est effondré, envoyant des débris partout. Les gens se sont mis à crier et à courir dans toutes les directions. Dès que la poussière est retombée, les gens ont commencé à évaluer les dégâts. De nombreux bâtiments ont été détruits ou endommagés par l'explosion. Il y avait des **blessés** partout, et certains avaient même été carrément tués par l'explosion. La panique commençait à s'installer, les gens réalisant que cela aurait pu être bien pire que cela ne l'était. Ils ne savaient pas ce qui avait causé l'explosion ni qui pouvait en être **responsable**.

À la tombée de la nuit, des équipes de recherche ont été formées pour trouver les **survivants** qui pourraient être piégés sous les décombres ou incapables de se défendre. Les premiers intervenants ont fait de leur mieux pour trier les patients et les mettre en sécurité. Mais il est rapidement apparu que la nuit serait longue pour toutes les personnes concernées. Le lendemain matin, la ville était une ruche d'activité. Les enquêteurs passent au peigne fin les **débris**, à la recherche

Inimesed tulid kokku, et aidata neid, keda tragöödia oli tabanud. Võõrastest said sõbrad, kes lohutasid üksteist ja püüdsid **juhtunust aru** saada.

Lõpuks ei olnud Pärnu pärast seda saatuslikku ööd enam kunagi päris sama. Kuid selle elanikud mäletaksid, kuidas nad tulid häda ajal **kokku** ja oleksid selle eest tugevamad. Plahvatusest on möödas 10 aastat. Pärnu on end uuesti üles ehitanud ja on nüüd taas edukas **kogukond.** Kuid sel aastapäeval võtavad inimesed ikka veel hetke, et meenutada neid, kes tol päeval kaotati. Mõne jaoks on see aeg, et mõelda, kui kaugele nad on viimase kümne aasta jooksul jõudnud. Nad mõtlevad kõigile tehtud **edusammudele** ja sellele, kui palju on nende linn muutunud paremaks. Teised kasutavad seda päeva võimalusena suhelda teiste inimestega, kes on nende kogemusi jaganud. Nad pakuvad üksteisele lohutust ja tuge, teades, et nad mõistavad, mis tunne on läbida midagi nii traumeerivat.

d'indices sur la cause de l'explosion. Le nombre de morts a augmenté pendant la nuit, et de nombreuses personnes sont toujours portées disparues. Il y avait un sentiment de tristesse et de peur dans l'air. Mais au milieu de toute cette **obscurité**, il y avait aussi des actes de bonté et d'héroïsme. Les gens se sont rassemblés pour aider ceux qui avaient été touchés par la tragédie. Des étrangers sont devenus des amis alors qu'ils se réconfortaient mutuellement et tentaient de comprendre ce qui **s**'était passé.

Au final, Pärnu ne sera plus jamais tout à fait la même après cette nuit fatidique. Mais ses habitants se souviendront de la façon dont ils se sont **unis dans les** moments difficiles, et ils en seront plus forts à l'avenir. Dix ans se sont écoulés depuis l'explosion. Pärnu s'est reconstruite et est redevenue une **communauté** prospère. Mais à l'occasion de cet anniversaire, les gens prennent un moment pour se souvenir de ceux qui ont perdu la vie ce jour-là. Pour certains, c'est l'occasion de réfléchir au chemin parcouru au cours de la dernière décennie. Ils pensent à tous les **progrès qui ont été** réalisés et à l'amélioration de leur ville. D'autres profitent de cette journée pour entrer en contact avec d'autres personnes qui ont partagé leur expérience. Ils se réconfortent et se soutiennent mutuellement, sachant qu'ils comprennent ce que c'est que de vivre une expérience aussi traumatisante.

Arusaamise küsimused

1. Milline oli taevas, kui päike loojus Pärnu kohal?

2. Kuidas reageerisid inimesed, kui plahvatus toimus?

3. Mida tegid inimesed pärast seda, kui plahvatuse tolm oli settinud?

4. Mitu inimest sai plahvatuses surma?

5. Kuidas inimesed tundsid end hommikul pärast plahvatust?

6. Mida otsisid uurijad rusude seast?

7. Mida teevad mõned inimesed plahvatuse aastapäeval?

8. Mida teevad teised plahvatuse aastapäeval?

9. Mis on üks asi, mis on inimestele plahvatuse aastapäeval selge?

10. Mida ei unusta kunagi need, kes elasid selle plahvatuse üle?

Questions de compréhension

1. A quoi ressemblait le ciel lorsque le soleil se couchait sur Pärnu, en Estonie ?

2. Comment les gens ont-ils réagi à l'explosion ?

3. Que faisaient les gens une fois que la poussière de l'explosion était retombée ?

4. Combien de personnes ont été tuées dans l'explosion ?

5. Comment les gens se sentaient-ils le matin après l'explosion ?

6. Que cherchaient les enquêteurs parmi les débris ?

7. Le jour de l'anniversaire de l'explosion, que font certaines personnes ?

8. Que font les autres le jour de l'anniversaire de l'explosion ?

9. Quelle est la chose la plus claire pour les gens en ce jour anniversaire de l'explosion ?

10. Qu'est-ce qui ne sera jamais oublié par ceux qui ont vécu l'explosion ?

Walpurgise öö

Oli Walpurgise öö ja kõik inimesed valmistusid kogu **väikeses** Sleepy Hollow'i linnas suureks pidustuseks. Lõkked olid süüdatud ja muusika mängis. Inimesed tantsisid ja **naersid**, nautides sooja kevadööd. Kuid oli üks inimene, kes ei tundnud end nii pidulikult. Tema nimi oli Abigail ja ta oli alles paar nädalat tagasi Sleepy Hollow'sse kolinud. Ta ei tundnud siin veel kedagi ja tundis end **võõrana**. Ta püüdis end hästi tunda, kuid see oli raske, kui ta tundis end nii üksi. Äkki kuulis ta, kuidas keegi tema nime hüüdis. See kõlas, nagu oleks nad hädas. Ta järgis häält, kuni jõudis metsas asuvale lagendikule, kus grupp inimesi oli kogunenud millegi ümber **maapinnale**.

Kui ta lähemale jõudis, nägi ta, et nad olid kogunenud ühe **laiba** ümber. See oli noor naine ja nägi välja, nagu oleks teda rünnatud. Kõikjal oli verd ja Abigailil hakkas kõhus halb. Rühm inimesi püüdis naist elustada, kuid oli juba liiga hilja. Ta oli kadunud. Abigail ei suutnud uskuda, mida ta nägi. See ei pidi juhtuma Walpurgise **ööl**; see pidi olema pidustuste aeg. Kuid nüüd oli õhus ainult surm ja kurbus. Inimeste rühm läks mõne aja pärast laiali ja Abigail jäi surnukehaga üksi. Ta ei teadnud, mida teha. Kas ta peaks abi otsima? Aga kes usuks teda, kui ta neile ütleks, mis oli juhtunud?

Nuit de Walpurgis

C'était la nuit de Walpurgis, et dans toute la **petite** ville de Sleepy Hollow, les gens se préparaient pour la grande fête. Les feux de joie étaient allumés et la musique jouait. Les gens dansaient et **riaient**, profitant de la chaude nuit de printemps. Mais il y avait une personne qui ne se sentait pas si festive. Son nom était Abigail, et elle venait d'emménager à Sleepy Hollow il y a quelques semaines. Elle ne connaissait encore personne ici, et elle se sentait comme une **étrangère**. Elle essayait de s'amuser, mais c'était difficile quand elle se sentait si seule. Soudain, elle a entendu quelqu'un appeler son nom. On aurait dit qu'ils avaient des problèmes. Elle a suivi la voix jusqu'à ce qu'elle arrive à une clairière dans les bois où un groupe de personnes était rassemblé autour de quelque chose sur le **sol**.

En se rapprochant, elle a pu voir qu'ils étaient rassemblés autour d'un **corps**. C'était une jeune femme, et on aurait dit qu'elle avait été attaquée. Il y avait du sang partout, et Abigail a eu mal au cœur. Le groupe de personnes essayait de ranimer la femme, mais c'était trop tard. Elle était morte. Abigail n'arrivait pas à croire ce qu'elle voyait. Cela n'était pas censé se produire la **nuit de** Walpurgis ; c'était censé être un

Lõppude lõpuks oli Walpurgise öö, öö, mil **nõiad** väidetavalt ringi käivad. Keegi ei usuks teda, kui ta ütleks, et see oli see, mis tappis naise.

Ta otsustas keha ise linna viia ja leida kedagi, kes saaks **aidata**. See oli riskantne, kuid ta ei teadnud, mida muud teha. Kui ta keha üles võttis, tundis ta, kuidas äkiline energiavoog läbis teda. Justkui oleks naise vaim sisenenud tema enda kehasse, andes talle **jõudu**. Abigail kõndis naisekeha süles linna ja läks otse šerifi kontorisse. Šerif heitis Abigailile ühe pilgu ja teadis, et midagi on valesti; ta nägi seda naise silmadest. Ta küsis naiselt, mis oli juhtunud, ja naine rääkis talle kõik algusest **lõpuni**.

moment de célébration. Mais maintenant, il n'y avait que mort et tristesse dans l'air. Le groupe de personnes s'est dispersé après un moment, et Abigail est restée seule avec le corps. Elle ne savait pas quoi faire. Devait-elle aller chercher de l'aide ? Mais qui la croirait si elle leur disait ce qui s'était passé ? Après tout, c'était la nuit de Walpurgis, la nuit où les **sorcières étaient** censées être dehors. Personne ne la croirait si elle disait que c'est ce qui a tué la femme.

Elle a décidé d'emmener le corps en ville elle-même et de trouver quelqu'un qui pourrait **l'aider**. C'était risqué, mais elle ne savait pas quoi faire d'autre. En ramassant le corps, elle a senti une soudaine poussée d'énergie la traverser. C'était comme si l'esprit de la femme était entré dans son propre corps, lui donnant de la **force**. Abigail est entrée en ville avec le corps de la femme dans ses bras et s'est rendue directement au bureau du shérif. Le shérif a jeté un coup d'œil à Abigail et a su que quelque chose n'allait pas ; il l'a vu dans ses yeux. Il lui demande ce qui s'est passé, et elle lui raconte tout, du début à la **fin**.

Arusaamise küsimused

1. Mis oli selle naise nimi, kes tapeti?

2. Mida tundis Abigail, kui ta surnukeha üles võttis?

3. Miks ei tahtnud Abigail alguses šerifi juurde minna?

4. Mis oli Walpurgise öö?

5. Kuidas teadis rühm inimesi, et naine oli surnud?

6. Milleks kasutati metsas asuvat lagendikku?

7. Mida tegi rühm inimesi, kui nad leidsid surnukeha?

8. Millal otsustas Abigail surnukeha linna viia?

9. Kuidas teadis šerif, et midagi on valesti?

10. Mida ütles Abigail šerifile?

Questions de compréhension

1. Quel était le nom de la femme qui a été tuée ?

2. Qu'a ressenti Abigail quand elle a ramassé le corps ?

3. Pourquoi Abigail ne voulait-elle pas aller voir le shérif au début ?

4. Qu'est-ce que la nuit de Walpurgis ?

5. Comment le groupe de personnes a-t-il su que la femme était morte ?

6. A quoi servait la clairière dans les bois ?

7. Qu'a fait le groupe de personnes lorsqu'il a trouvé le corps ?

8. Quand Abigail a-t-elle décidé d'emmener le corps en ville ?

9. Comment le shérif a-t-il su que quelque chose n'allait pas ?

10. Qu'a dit Abigail au shérif ?

Kiiking

Päike oli loojumas horisondi kohal, heites taevasse ilusa oranži varjundi. Tuul puhus õrnalt, pannes lehed kahisema ja oksad kõiguma. See oli ideaalne **õhtu** kiikingi jaoks. Võtsin oma kiikingukepid ja suundusin lähedalasuvasse parki. Seadsin oma varustuse üles ja hakkasin jalgu üle kangi kiikima. Tundsin **adrenaliini** kiirust, kui kiirendasin. Tuul piitsutas mu juukseid ja riideid, kui ma läbi õhu lendasin. Maandusin kähku, kuid tõusin kiiresti uuesti püsti. Ma ei saanud teisiti kui naeratada, kui jätkasin kiikingit; see oli üks mu lemmikspordialasid. Õhus lendamises oli midagi sellist, mis pani mind tundma end elusana ja vabana. Kui õhtu hakkas loojuma, pakkisin oma asjad kokku ja suundusin koju, olles pärast õhtust Kiikingiõhtut **õnnelik** ja rahul.

Järgmisel hommikul olin varakult üleval, soovides taas välja minna ja Kiikile minna. Suundusin parki, kepid käes, kuid kui ma lähemale jõudsin, nägin, et **midagi** on valesti. Varustus oli kõik katki ja laiali maas. Näis, nagu oleks keegi püüdnud seda **öösel** vandaalitseda. Tundsin viha, kui vaatasin kahjustusi. Kes võiks sellist asja teha? Kiiking oli nii rahumeelne spordiala, et kellelgi polnud mingit põhjust seda rikkuda. Hakkasin kiiresti koristama, olles otsustanud, et see, kes seda tegi, ei lase mul oma **lemmikajaviisi** nautimist

Kiiking

Le soleil se couchait à l'horizon, projetant une belle teinte orange dans le ciel. Le vent soufflait doucement, faisant bruisser les feuilles et balancer les branches. C'était une **soirée** parfaite pour faire du kayak. J'ai pris mes bâtons de kiiking et je me suis dirigé vers le parc voisin. J'ai installé mon équipement et j'ai commencé à balancer mes jambes au-dessus de la barre. J'ai ressenti une poussée d'**adrénaline** en prenant de la vitesse. Le vent a fouetté mes cheveux et mes vêtements alors que je volais dans les airs. J'ai atterri avec un bruit sourd, mais je me suis rapidement relevé. Je n'ai pas pu m'empêcher de sourire en continuant à faire du kite ; c'était l'un de mes sports **préférés**. Il y avait quelque chose dans le fait de voler dans les airs qui me faisait me sentir vivante et libre. À la tombée de la nuit, j'ai rangé mes affaires et suis rentré chez moi, **heureux** et satisfait après une soirée de kiking.

Je me suis levé tôt le lendemain matin, impatient de sortir et de recommencer à faire du kiwi. Je me suis dirigé vers le parc avec mes bâtons en main, mais en m'approchant, j'ai vu que **quelque chose** n'allait pas. L'équipement était cassé et éparpillé sur le sol. On aurait dit que quelqu'un avait essayé de le vandaliser **pendant la nuit**. J'ai ressenti un élan de

takistada. Tunni aja jooksul oli kõik jälle paigas ja valmis, et seda uuesti kasutada. Hakkasin jalgu üle kangi õõtsutama, tundes **tuttavat** adrenaliinipurset, kui kiirust tõstsin. Jällegi tundsin end elusana ja vabana, kui lendasin Kiikingi kepikõnnil läbi õhu.

Parkis **juhtunust oli möödas** paar nädalat ja ma hakkasin end ebamugavalt tundma. Ma ei olnud pärast seda õhtut kedagi näinud ega kuulnud kellestki, kuid teadsin, et nad on ikka veel kusagil väljas. Olin ärevuses, kui suundusin uuesti parki, oma kiikingisaagid käes. Niipea kui ma kohale jõudsin, nägin, et **midagi** on valesti. Varustus oli taas kord kõik katki ja laiali maas. Kes iganes see ka polnud, oli jälle löönud. Seekord olid nad teinud veelgi rohkem kahju kui varem. Mu süda vajus, kui ma vaatasin sündmuskohta; näis, et seekord olid nad tõesti püüdnud kõike **hävitada.** Kuid nagu eelmiselgi korral, keeldusin ma laskmast neil takistada mind oma lemmikspordi nautimast. Tunni aja jooksul oli kõik jälle paigas ja valmis, et seda uuesti kasutada.

colère en constatant les dégâts. Qui aurait pu faire une telle chose ? Le kayak est un sport si paisible, il n'y a aucune raison pour que quelqu'un essaie de le gâcher. J'ai rapidement commencé à nettoyer le désordre, déterminé à ne pas laisser celui qui avait fait ça m'empêcher de profiter de mon **passe-temps** favori. En une heure, tout était de nouveau en place et prêt à être utilisé. J'ai commencé à balancer mes jambes au-dessus de la barre, sentant la poussée **familière** d'adrénaline à mesure que je prenais de la vitesse. Une fois de plus, je me suis sentie vivante et libre alors que je volais dans les airs sur mes bâtons de kiiking.

Quelques semaines s'étaient écoulées depuis l'**incident** du parc, et je commençais à me sentir mal à l'aise. Je n'avais vu ni entendu parler de personne depuis cette nuit-là, mais je savais qu'ils étaient toujours là, quelque part. J'étais sur les nerfs lorsque je me suis à nouveau rendu au parc, mes bâtons de kiikis à la main. Dès que je suis arrivé, j'ai vu que **quelque chose** n'allait pas. Tout l'équipement était cassé et éparpillé sur le sol une fois de plus. Ceux qui ont fait ça ont encore frappé. Cette fois, ils avaient fait encore plus de dégâts qu'avant. J'ai eu le cœur serré en observant la scène ; on aurait dit qu'ils avaient vraiment essayé de tout **détruire cette fois-ci**. Mais comme la dernière fois, j'ai refusé de les laisser m'empêcher de pratiquer mon sport favori. En une heure, tout était de nouveau en place et prêt à être utilisé.

Arusaamise küsimused

1. Mis on peategelase lemmikspordiala?

2. Mida tunneb peategelane, kui ta on Kiiking?

3. Miks vandaalitseti peategelase varustust?

4. Kuidas tunneb peategelane end pärast seda, kui seadmeid teist korda vandaalitsetakse?

5. Mida teeb peategelane pärast seadmete vandaalitsemist?

6. Kuhu läheb peategelane Kiik?

7. Mis kellaaeg on peategelane Kiik tavaliselt?

8. Milline oli ilm, kui peategelane esimest korda loos Kiikingil käis?

9. Milliseid värve mainitakse loos?

10. Milliseid emotsioone tunneb peategelane kogu loo jooksul?

Questions de compréhension

1. Quel est le sport préféré du protagoniste ?

2. Qu'est-ce que le protagoniste ressent lorsqu'il est à Kiiking ?

3. Pourquoi l'équipement du protagoniste a-t-il été vandalisé ?

4. Que ressent le protagoniste après que l'équipement a été vandalisé pour la deuxième fois ?

5. Que fait le protagoniste après le vandalisme de l'équipement ?

6. Où le protagoniste va-t-il à Kiik ?

7. A quel moment de la journée le protagoniste a l'habitude de Kiik ?

8. Quel temps faisait-il la première fois que le protagoniste est parti en randonnée dans l'histoire ?

9. Quelles sont les couleurs mentionnées dans l'histoire ?

10. Quelles émotions le protagoniste ressent-il tout au long de l'histoire ?

Kõpu tuletorn

Kõpu tuletorn on sajandeid olnud merele eksinud **meremeeste** lootusmärgiks. Nüüd aga ähvardab vana tuletorni hävitada võimas torm. Kui torm möllab, löövad **lained** vastu kaljusid, saates kõrgele õhku pritsmeid. Tuul ulgub läbi öö, rebides kõike, mis talle teele jääb. **Majaka** sees püüab noor naine Sarah meeleheitlikult hoida valgust põleval. Ta teab, et kui ta suudab vaid hommikuni vastu pidada, tuleb abi. Aga kui aeg möödub ja **torm** ei näita mingeid märke, et see vaibuks, hakkab Sarah lootust kaotama.

Ta teab, et ta ei suuda enam kaua vastu pidada. Äkki kuuleb Sarah **häält,** mis kutsub tema nime. Ta ei suuda seda uskuda - keegi on tulnud teda aitama! Ta jookseb ukse juurde ja viskab selle lahti, kuid teda ootab ees **veesein**. Torm on majakast läbi murdnud ja ujutab sisse. Sarah teab, et tal ei ole palju aega. Ta tormab trepist üles valgusruumi ja hakkab meeletult abi kutsuma. Kuid on liiga hilja. Vesi tõuseb tema ümber ja **neelab** ta oma tumedasse embusse. Kui ta sügavikku vajub, suudab ta mõelda vaid sellele, kuidas ta jättis hätta need, kes teda kõige rohkem vajasid. Päike tõuseb mere kohal, heites **vee** peale sooja kuma.

Kuid majakast ei ole mingit märki - **torm** on selle

Phare de Kõpu

Depuis des siècles, le phare de Kõpu est une lueur d'espoir pour les **marins** perdus en mer. Mais aujourd'hui, le vieux phare risque d'être détruit par une puissante tempête. Alors que la tempête fait rage, les **vagues** s'écrasent contre les rochers, projetant des embruns dans les airs. Le vent hurle dans la nuit, déchirant tout ce qui se trouve sur son chemin. À l'intérieur du **phare**, une jeune femme nommée Sarah essaie désespérément de maintenir la lumière allumée. Elle sait que si elle peut tenir jusqu'à l'aube, les secours arriveront. Mais le temps passe et la **tempête** ne montre aucun signe d'apaisement, Sarah commence à perdre espoir.

Elle sait qu'elle ne pourra pas tenir longtemps. Soudain, Sarah entend une **voix** qui l'appelle. Elle n'arrive pas à y croire : quelqu'un est venu l'aider ! Elle court vers la porte et l'ouvre, mais un mur d'**eau s'abat sur elle**. La tempête a ouvert une brèche dans le phare et l'envahit. Sarah sait qu'elle n'a pas beaucoup de temps. Elle monte les escaliers jusqu'à la salle d'éclairage et essaie frénétiquement d'appeler à l'aide. Mais il est trop tard. L'eau monte autour d'elle, l'**engloutissant** dans sa sombre étreinte. Alors qu'elle s'enfonce dans les profondeurs, elle ne peut que penser à la façon dont

täielikult hävitanud. Sarahi laip uhutakse kaldale paar päeva hiljem. Ta maetakse väikesele kalmistule tema kodulinna lähedal. Kui inimesed tulevad austust avaldama, ütlevad nad kõik, et ta oli **kangelane**, sest püüdis tuletorni päästa. Ja kuigi tal ei õnnestunud, ei unustata kunagi tema vaprust. Kõpu tuletorn võib olla kadunud, kuid selle vaim elab Sarah's edasi. Kõik, kes teda tundsid, mäletavad teda kui **ennastsalgavat** inimest, kes seadis alati teised esikohale. Ja kuigi tuletorn ei seisa enam, särab tema valgus ikka veel nende südames, keda ta **puudutas**.

elle a laissé tomber ceux qui avaient le plus besoin d'elle. Le soleil se lève sur la mer, jetant une lueur chaude sur l'**eau**.

Mais il n'y a aucun signe du phare - il a été complètement détruit par la **tempête**. Le corps de Sarah s'échoue sur le rivage quelques jours plus tard. Elle est enterrée dans un petit cimetière près de sa ville natale. Lorsque les gens viennent lui rendre hommage, ils disent tous qu'elle était une **héroïne** pour avoir essayé de sauver le phare. Et même si elle n'a pas réussi, sa bravoure ne sera jamais oubliée. Le phare de Kõpu a peut-être disparu, mais son esprit vit en Sarah. Tous ceux qui l'ont connue se souviennent d'elle comme d'une personne **altruiste** qui a toujours fait passer les autres en premier. Et bien que le phare ne soit plus debout, sa lumière brille toujours dans le cœur de ceux qu'il a **touchés**.

Arusaamise küsimused

1. Mis on peategelase nimi?

2. Mida teeb peategelane majakeses?

3. Mis on peategelase eesmärk?

4. Miks on tuletorn ohus?

5. Mida kuuleb Saara, kui ta on lõpu lähedal?

6. Mida teeb päike loo lõpus?

7. Milline on peategelase saatus?

8. Kuidas inimesed mäletavad Sarah't?

9. Mida ütleb autor lõpus tuletorni kohta?

10. Mis on teie arvates autori eesmärk selle loo kirjutamisel?

Questions de compréhension

1. Quel est le nom du protagoniste ?

2. Que fait le protagoniste dans le phare ?

3. Quel est l'objectif du protagoniste ?

4. Pourquoi le phare est-il en danger ?

5. Qu'entend Sarah lorsqu'elle est proche de la fin ?

6. Que fait le soleil à la fin de l'histoire ?

7. Quel est le destin du protagoniste ?

8. Comment les gens se souviennent-ils de Sarah ?

9. Que dit l'auteur à propos du phare à la fin ?

10. À votre avis, quel est le but de l'auteur en écrivant cette histoire ?

Kasemahl

Päike loojus mägede taha, heites roosa ja oranži kuma väikese Kasemahli küla kohale. Külaelanikud valmistusid öiseks pidulikuks ürituseks. **Platsil** olid lauad üles seatud ja igale aknale olid riputatud värvilised lipud. Platsi keskel seisis suur **pada, mis oli** täidetud mullitava kasemahlaga. See oli Kasemahli kõige kallim vara ja seda kasutati ainult erilistel puhkudel. Täna oli üks neist õhtutest. Kui pimedaks läks, hakkasid külaelanikud platsile kogunema, igaühel kaasas kruus aurava kasemahlaga. Nad võtsid oma kohad katla ümber ja ootasid kannatlikult oma järjekorda, et selle **pühast** sisust juua. Kui kõik olid saanud, tõstsid nad oma kruusid kõrgele, et **tõsta joovastust** Kasemahlile ja tema paljudele õnnistustele.

Siis jõid nad sügavalt magusat nektarit, tundes, kuidas selle soojus nende kehas levib nagu tuli külmal talveõhtul. Kasemahl avaldas külaelanikele oma tavalist mõju. Nad tundsid end õnnelikult ja rahulolevalt, nende mured sulasid ära nagu lumi kevadel. Muusika hakkas kõlama ja inimesed hakkasid tantsima. Peagi oli väljak täis **naeru** ja taktis trampivate jalgade heli. Õhtu edenedes hakkasid mõned külaelanikud end veidi uimaselt tundma. Nende liikumine muutus ebastabiilsemaks ja nad hakkasid nägema asju, mida

Kasemahl

Le soleil se couchait derrière les montagnes, projetant une lueur rose et orange sur le petit village de Kasemahl. Les villageois étaient occupés à préparer les festivités de la nuit. Des tables étaient dressées sur la **place**, et des bannières colorées étaient suspendues à chaque fenêtre. Au centre de la place se trouvait un grand **chaudron** rempli de sève de bouleau bouillonnante. C'était le bien le plus précieux de Kasemahl, et il n'était utilisé que pour les grandes occasions. Ce soir était l'une de ces nuits. À la tombée de la nuit, les villageois ont commencé à se rassembler sur la place, chacun portant une chope de sève de bouleau fumante. Ils prirent place autour du chaudron et attendirent patiemment leur tour pour boire son contenu **sacré**. Lorsque tout le monde a été servi, ils ont levé leur chope pour **porter un toast** à Kasemahl et à ses nombreuses bénédictions.

Puis ils burent profondément le doux nectar, sentant sa chaleur se répandre dans leurs corps comme un feu dans une froide nuit d'hiver. La sève de bouleau avait son effet habituel sur les villageois. Ils se sentaient heureux et satisfaits, leurs soucis fondant comme neige au printemps. La musique s'est mise en marche et les gens ont commencé à danser. La place

tegelikult ei olnud. Varsti lamasid nad kõik maas, kikerdades kontrollimatult **mitte millegi üle**. Siis ilmus nende ette Kasemahl. Ta oli **ilus** naine pikkade voolavate juustega ja lumivalge nahaga. Tema silmad olid läbitungivalt sinised ja huuled punased nagu veri.

Ta naeratas neile kõigile sõbralikult, enne kui rääkis pehmel häälel, mis tundus kogu väljakul kajavat. "Mu lapsed, mul on nii hea meel, et te kõik olete tulnud täna koos minuga **tähistama.** See on tõepoolest eriline sündmus. Sest täna õhtul saate te kõik kingituseks minu kasemahla. See püha nektar voolab läbi teie veenide ja täidab teid minu väega. Te näete asju, mida ükski surelik pole kunagi varem näinud, ja te saate teada asju, mis on seni olnud teie eest varjatud. **Võtke** see kingitus **vastu**, sest see on tõepoolest haruldane. " Nende sõnadega hakkas Kasemahl ümber väljaku tantsima, jalad vaevu maad puudutavad. Külaelanikud vaatasid aukartusega, kuidas ta keerles ja hüppas, tema seelikud lehvimas nagu **tiivad** ümberringi. Ta näis seestpoolt hõõguvat, heites teispoolset **valgust** kõigele, mida ta puudutas.

fut bientôt remplie de **rires** et du bruit des pieds qui tapaient en rythme. Au fil de la nuit, certains villageois ont commencé à se sentir un peu étourdis. Leurs mouvements sont devenus plus erratiques et ils ont commencé à voir des choses qui n'étaient pas vraiment là. Bientôt, ils étaient tous allongés sur le sol, riant de façon incontrôlable pour **rien** du tout. C'est alors que Kasemahl est apparue devant eux. C'était une **belle** femme avec de longs cheveux flottants et une peau aussi blanche que la neige. Ses yeux étaient d'un bleu perçant et ses lèvres étaient rouges comme le sang.

Elle leur a souri gentiment avant de parler d'une voix douce qui semblait résonner sur la place. "Mes enfants, je suis si heureuse que vous soyez tous venus **célébrer** avec moi ce soir. C'est une occasion spéciale en effet. Ce soir, vous allez tous recevoir le cadeau de ma sève de bouleau. Ce nectar sacré va couler dans vos veines et vous remplir de mon pouvoir. Vous verrez des choses qu'aucun mortel n'a jamais vues auparavant et vous saurez des choses qui vous ont été cachées jusqu'à présent. **Accepte** ce cadeau, car il est vraiment rare. "Sur ces mots, Kasemahl a commencé à danser autour de la place, ses pieds touchant à peine le sol. Les villageois la regardaient avec admiration virevolter et sauter, ses jupes se déployant autour d'elle comme des **ailes**. Elle semblait briller de l'intérieur, projetant une **lumière** d'un autre monde sur tout ce qu'elle touchait.

Arusaamise küsimused

1. Mis oli väljaku keskel asuvas katlas?

2. Mida tegid külaelanikud, kui nad kogunesid väljakule?

3. Mis oli kasemahla eesmärk?

4. Kuidas tundsid külaelanikud end pärast kasemahla joomist?

5. Kes oli Kasemahl?

6. Mida ütles Kasemahl külaelanikele?

7. Mida vaatasid külaelanikud, mida Kasemahl platsil tegi?

8. Kuidas Kasemahl välja nägi?

9. Mis juhtus külaelanikega pärast Kasemahli lahkumist?

10. Millist sündmust tähistasid külaelanikud?

Questions de compréhension

1. Qu'y avait-il dans le chaudron au centre du carré ?

2. Que faisaient les villageois lorsqu'ils se sont rassemblés sur la place ?

3. Quel était le but de la sève de bouleau ?

4. Comment les villageois se sont-ils sentis après avoir bu la sève de bouleau ?

5. Qui était Kasemahl ?

6. Qu'a dit Kasemahl aux villageois ?

7. Qu'est-ce que les villageois ont regardé Kasemahl faire sur la place ?

8. Comment était Kasemahl ?

9. Qu'est-il arrivé aux villageois après le départ de Kasemahl ?

10. Quelle était l'occasion que les villageois célébraient ?

Skype

Kell oli 8 hommikul, kui ma ärkasin oma **äratuskella** helina peale, mis kostis kõrva. Tõusin laisalt voodist üles, tundes, et olen päevade kaupa maganud. Kui ma lülitasin äratuskella välja, nägin ma oma sülearvutit teisel pool tuba oma laual ja mulle tuli äkki mõte. Selle asemel, et kooliks valmistuda, võiksin lihtsalt oma voodis mugavalt Skype'i kaudu oma tundidesse minna! Käivitasin kiiresti oma arvuti ja logisin Skype'i sisse, veendudes, et kõik mu tunnid on **õiged,** enne kui helistasin igaühele eraldi. Et aega kokku hoida, panin oma sülearvuti ette isegi väikese "klassiruumi", kus olid **õpikud** ja märkmed, et tundide ajal näeks välja, nagu oleksin tähelepanelik (kuigi me kõik teame, et ma ei ole seda).

Kõik näis kulgevat plaanipäraselt, kuni meie ajalooõpetaja hakkas mulle otse küsimusi esitama... millele ma muidugi ei teadnud ka vastust, sest ma ei olnud üldse kuulanud! Paanikas püüdsin ma vastust välja mõelda, kuid õnneks päästis mind keegi teine, kes vastas hoopis **õigesti.** Puhh! See oli lähedal. Sellest ajast alates jälgisin, et ma tunnis tõesti kuulaksin (või vähemalt teeskleksin, et kuulan), et mind ei kutsutaks jälle välja. See oli palju lihtsam, kui ma arvasin, ja varsti oli koolipäev läbi. Kui ma Skype'ist välja logisin ja

Skype

Il était 8 heures du matin quand je me suis réveillée au son de mon **alarme**. Je suis sortie du lit paresseusement, avec l'impression d'avoir dormi pendant des jours. En éteignant le réveil, j'ai aperçu mon ordinateur portable sur mon bureau, de l'autre côté de la pièce, et une idée m'est soudain venue. Au lieu de me préparer pour l'école, je pouvais me connecter à mes cours par Skype, confortablement installée dans mon lit ! J'ai rapidement démarré mon ordinateur et me suis connectée à Skype, en m'assurant que toutes les heures de cours étaient **correctes** avant de les appeler individuellement. Pour gagner du temps, j'ai même installé une petite "salle de classe" de fortune devant mon ordinateur portable, avec quelques **manuels** et des notes, pour donner l'impression que j'étais attentive pendant le cours (même si nous savons tous que ce n'est pas le cas).

Tout semblait se dérouler comme prévu jusqu'à ce que notre **professeur d'**histoire commence à me poser des questions directement à moi... Bien sûr, je ne connaissais pas la réponse non plus, car je n'avais pas écouté du tout ! Dans la panique, j'ai essayé d'inventer une réponse, mais heureusement, quelqu'un d'autre m'a sauvé en répondant **correctement** à la

valmistasin end õhtusöögiks **alla** minema, ei saanud ma muud teha, kui olla enda üle uhke, et ma selle väikese skeemi edukalt läbi viinud olen. Alles hilisõhtul sain aru, et olin unustanud kodutöö ära teha... Ups! Noh, alati on olemas homne päev.

Järgmisel päeval ärkasin veidi hiljem kui tavaliselt ja kiirustasin oma sülearvutit õppetööks seadistama.
Kui ma aga üritasin Skype'i sisse logida, tuli mulle veateade, et mu konto on peatatud. Uh oh... paistab, et keegi on minu väikesest plaanist aru saanud! Paanikas helistasin kiiresti **kooli** kontorisse, kus mulle öeldi, et nad olid tõepoolest teada saanud, mida ma tegin, ja et nad ei olnud selle üle õnnelikud. Karistuseks pidin nüüdsest alates osalema kõikides oma tundides isiklikult - enam ei saa ma skype'ile minna! See ei olnud **ideaalne** tulemus, kuid vähemalt sain oma õppetunni: ära püüa **süsteemi** petta, sest lõpuks jääd sa ikkagi kinni!

place. Ouf ! C'était tout près. À partir de ce moment-là, j'ai fait en sorte d'écouter en classe (ou du moins de faire semblant) pour ne plus me faire remarquer. C'était beaucoup plus facile que je ne l'imaginais et la journée de classe s'est vite terminée. Alors que je me déconnectais de Skype et que je me préparais à **descendre** pour le dîner, je ne pouvais m'empêcher d'être fier de moi pour avoir réussi à mettre en place ce petit stratagème. Ce n'est que plus tard dans la soirée que je me suis rendu compte que j'avais oublié de faire mes devoirs... Oups ! Eh bien, il y a toujours demain.

Le lendemain, je me suis réveillé un peu plus tard que d'habitude et je me suis empressé de préparer mon ordinateur portable pour le cours. Cependant, lorsque j'ai essayé de me connecter à Skype, j'ai été accueilli par un message d'**erreur** indiquant que mon compte avait été suspendu. Oh oh... on dirait que quelqu'un a découvert mon petit manège ! J'ai rapidement appelé le bureau de l'**école**, paniqué, pour m'entendre dire qu'ils avaient effectivement découvert ce que je faisais et que cela ne leur plaisait pas. Pour me punir, je devais désormais assister à tous mes cours en personne - plus de skype pour moi ! Ce n'était pas l'issue **idéale**, mais j'ai au moins appris ma leçon : n'essayez pas de tromper le **système**, car vous finirez par vous faire prendre !

Arusaamise küsimused

1. Mida tegi peategelane, kui ta nägi oma sülearvutit?

2. Kuidas tundis peategelane end isiklikult tundides käies?

3. Mida tegi peategelane, kui ta mõistis, et unustas kodutöö ära?

4. Miks peatati peategelase Skype'i konto?

5. Mida õppis peategelane sellest kogemusest?

6. Mis kell peategelane ärkas?

7. Kus oli peategelane, kui teda klassis välja kutsuti?

8. Mida tegi peategelane selleks, et püüda vältida, et teda uuesti välja kutsutaks?

9. Mida ütles koolikontor peategelasele, kui nad helistasid?

10. Mis oli peategelase karistus?

Questions de compréhension

1. Qu'a fait le protagoniste lorsqu'il a vu son ordinateur portable ?

2. Comment le protagoniste s'est-il senti à l'idée d'assister aux cours en personne ?

3. Qu'a fait le protagoniste lorsqu'il a réalisé qu'il avait oublié de faire ses devoirs ?

4. Pourquoi le compte Skype du protagoniste a-t-il été suspendu ?

5. Qu'est-ce que le protagoniste a appris de cette expérience ?

6. A quelle heure le protagoniste s'est-il réveillé ?

7. Où était le protagoniste quand il s'est fait insulter en classe ?

8. Qu'a fait le protagoniste pour essayer d'éviter d'être à nouveau interpellé ?

9. Qu'a dit le bureau de l'école au protagoniste lorsqu'il a appelé ?

10. Quelle a été la punition du protagoniste ?

Laulev revolutsioon

See oli Eestis suure **murrangu** aeg. Nõukogude Liit oli kokku varisenud ja rahvas nõudis iseseisvust. Nende hulgas oli ka noor naine nimega Liina, kes unistas vaid sellest, et saaks vabalt laulda, ilma et peaks **kartma** repressioone. Ta ühines teistega tänavatel, lauldes isamaalisi laule ja nõudes Vene võimu lõpetamist. See oli vaimustav aeg ja ta tundis end elusana nagu kunagi varem. Nad **tegid** ajalugu ja ta teadis seda. Võimud püüdsid ülestõusu maha suruda, kuid see muutis inimesi vaid veelgi otsusekindlamaks. Lõpuks, pärast nädalaid kestnud proteste, võitis Eesti oma **vabaduse** ja Liina võis lõpuks ometi ilma murede ja piiranguteta oma südant välja laulda.

Ta rõõmustas koos oma kaasmaalastega, kui nad tähistasid oma raskelt võidetud vabadust. Nüüdseks on möödunud mitu aastat sellest, kui algas laulev revolutsioon, nagu seda hakati **nimetama.** Nüüdseks on Liina edukas laulja ja laulukirjutaja ning tema **muusikat** armastavad inimesed üle Eesti. Ta mäletab neid uimastavaid vabaduse päevi ikka veel suure kiindumusega ja teab, et laulude jõud on alati osa tema riigi loost. Tänapäeval kasutab Liina oma **platvormi**, et võtta sõna Eestis tõusva natsionalismi vastu. Ta teab,

La révolution du chant

C'était une époque de grands **bouleversements** en Estonie. L'Union soviétique s'est effondrée et le peuple réclame son indépendance. Parmi eux se trouve une jeune femme nommée Liina, qui ne rêve de rien d'autre que de pouvoir chanter librement sans **crainte** de représailles. Elle rejoint les autres dans les rues, chantant des chansons patriotiques et appelant à la fin de la domination russe. C'est une époque grisante, et elle se sent vivante comme jamais auparavant. Ils **écrivaient** l'histoire, et elle le savait. Les autorités tentent d'étouffer le soulèvement, mais cela ne fait que renforcer la détermination du peuple. Finalement, après des semaines de protestations, l'Estonie a gagné sa **liberté**, et Liina pouvait enfin chanter à tue-tête sans inquiétude ni contrainte.

Elle s'est réjouie avec ses compatriotes qui célébraient leur liberté durement gagnée. Plusieurs années se sont écoulées depuis le début de la Révolution chantante, comme on l'a **appelée**. Liina est aujourd'hui une chanteuse et une compositrice à succès, et sa **musique** est appréciée dans toute l'Estonie. Elle se souvient encore très bien de cette époque grisante de liberté et elle sait que le pouvoir de la chanson fera

et riik on pärast neid süngeid nõukogude võimu päevi jõudnud nii kaugele ja ta ei taha näha, et taandarengut tehakse. Ta usub, et tema muusika on hea jõud ja võib aidata **tervendada** ühiskonnas tekkivaid lõhede.

Liina uusim album on kogumik laule sallivusest ja mõistmisest. See on saanud hea vastuvõtu nii kriitikute kui ka fännide poolt, paljud **on** öelnud, et see on täpselt see, mida Eesti praegu vajab. Ta jätkab oma häälega rahu ja ühtsuse edendamist oma armastatud kodumaal, lootes, et ühel päeval saavad kõik selle kodanikud taas **koos** laulda ilma hirmu ja vihkamiseta. Tulevik on ebakindel, kuid Liina jääb lootma. Ta teab, et laulu jõud võib muuta maailma, ja ta on otsustanud kasutada oma häält selleks, et muuta Eesti paremaks kohaks **kõigi jaoks**.

toujours partie de l'histoire de son pays. Aujourd'hui, Liina utilise sa **plateforme** pour s'élever contre la montée du nationalisme en Estonie. Elle sait que le pays a parcouru un long chemin depuis les jours sombres du régime soviétique et elle ne veut pas le voir régresser. Elle pense que sa musique est une force du bien et qu'elle peut contribuer à **apaiser les** divisions qui se creusent dans la société.

Le dernier album de Liina est une collection de chansons sur la tolérance et la compréhension. Il a été bien accueilli par les critiques et les fans, et **beaucoup** disent que c'est exactement ce dont l'Estonie a besoin en ce moment. Elle continuera à utiliser sa voix pour promouvoir la paix et l'unité dans son pays bien-aimé, en espérant qu'un jour, tous les citoyens pourront à nouveau chanter **ensemble,** sans peur ni haine. L'avenir est incertain, mais Liina garde espoir. Elle sait que le pouvoir de la chanson peut changer le monde, et elle est déterminée à utiliser sa voix pour faire de l'Estonie un endroit meilleur pour **tous**.

Arusaamise küsimused

1. Mis oli Nõukogude Liidu kokkuvarisemine?

2. Mida üritasid võimud teha ülestõusu vastu?

3. Mida Eesti lõpuks võitis?

4. Millest räägib Liina viimane album?

5. Kuidas võeti vastu Liina viimane album?

6. Mida loodab Liina Eesti tulevikuks?

7. Kuidas tundis Liina end vabaduse uimastavatel päevadel?

8. Mida Liina usub, et tema muusika on jõud?

9. Mida teab Liina laulude võimest?

10. Milleks on Liina otsustanud oma häält kasutada?

Questions de compréhension

1. Qu'est-ce que l'effondrement de l'Union soviétique ?

2. Qu'est-ce que les autorités ont essayé de faire au soulèvement ?

3. Qu'est-ce que l'Estonie a finalement gagné ?

4. De quoi parle le dernier album de Liina ?

5. Comment a été reçu le dernier album de Liina ?

6. Quel est l'espoir de Liina pour l'avenir de l'Estonie ?

7. Comment Liina se sentait-elle pendant les jours gris de la liberté ?

8. De quoi Liina pense-t-elle que sa musique est une force ?

9. Que sait Liina du pouvoir de la chanson ?

10. A quoi Liina est-elle déterminée à utiliser sa voix ?

Rannas

Pärast päikesetõusu on lained kõvemad ja liiv üle loodete valge. Ma kõnnin alla randa, **imetlen** merd ja päikest. Mu varbad tunnetavad kallaste sooned. Liiv on mu varvastel külm. Naeratan ja lähen edasi. Vooluhulk on kõrge, nii et pean olema ettevaatlik, et mind ei tõmbaks sisse. Kõnnin mööda veepiiri, imetlen merd. Päikesetõus on **ilus** ja lained mürisevad. Tunnen end nii rahulikult. Jõuan kohale, kus on kiviklipp. Istun maha ja vaatan laineid. Vesi on nii sinine ja taevas on nii **oranž**. Ma tunnen, et olen nagu unes. Panen silmad kinni ja kuulan lihtsalt laineid. Istun seal kaua, kuni kuulen, et keegi hüüab mu nime.

Ma avan silmad ja näen ema minu poole kõndimas. Tal on murelik ilme. Naeratan ja lehvitan ning ta **rahuneb**. "Ma mõtlesin, kuhu sa läksid," ütleb ta. "Mul on hea meel, et sa naudid randa." Ma vastan: "Olen." "Siin on nii ilus." "Ma tean," ütleb ta. "Ma käisin siin kogu aeg, kui olin sinu vanuses." "Tõesti?" Ma küsin. "Jah," vastab ta. "See on eriline koht." "Kas sa oled siin kunagi kedagi erilist kohanud?" Ma küsin. "Olen," vastab ta naeratades. "Sinu isa." "Tõesti?" **Üllatun**, ütlen ma. "Jah," ütleb ta. "Me käisime siin kogu aeg koos. See on koht, kus me armusime. " Naeratan, **kujutades ette, kuidas** mu vanemad selles kaunis rannas armuvad.

A la plage

Après le lever du soleil, les vagues sont plus fortes et le sable au-dessus de la marée est blanc. Je marche jusqu'à la plage, **admirant** la mer et le soleil. Mes orteils sentent les rainures des coquillages. Le sable est froid sur mes orteils. Je souris et je continue. La marée est haute, alors je dois faire attention à ne pas me laisser entraîner. Je marche le long du bord de l'eau, en admirant la mer. Le lever du soleil est **magnifique**, et les vagues s'écrasent. Je me sens si paisible. J'arrive à un endroit où il y a un affleurement rocheux. Je m'assieds et je regarde les vagues. L'eau est si bleue et le ciel est si **orange**. J'ai l'impression d'être dans un rêve. Je ferme les yeux et je me contente d'écouter les vagues. Je suis restée assise pendant un long moment, jusqu'à ce que j'entende quelqu'un m'appeler.

J'ouvre les yeux et je vois ma mère marcher vers moi. Elle a un air inquiet sur le visage. Je souris et je lui fais signe, et elle **se détend**. "Je me demandais où tu étais allée", dit-elle. "Je suis contente que tu profites de la plage." Je réponds : "J'en profite." "C'est tellement beau ici." "Je sais", dit-elle. "Je venais ici tout le temps quand j'avais ton âge." "Vraiment ?" Je demande. "Ouais", répond-elle. "C'est un endroit spécial." "As-tu déjà rencontré quelqu'un de spécial ici ?" Je demande. "Oui",

"See on eriline koht," kordab ta. "Mul on hea meel, et sa täna siia tulid."

Istume seal veel mõnda aega, **vaadates** laineid ja päikeseloojangut. Siis tõuseme üles ja kõnnime tagasi oma rannarätikute juurde. Ma heidan pikali ja vaatan tähti. Tunnen end nii õnnelikuna ja rahulolevana. Lained on nüüd valjemini ja liiv on külm. Päike on loojumas ja puhub jahe tuul. Lained löövad vastu randa ja õhus on soolalõhn. See on täiuslik õhtu rannas olemiseks. Ma kõnnin piki randa, **kuulan** lainete kohinat ja vaatan päikeseloojangut. Näen rühma inimesi, kes istuvad liival, naeravad ja naljatlevad. Nad näevad välja, et neil on lõbus. Lähen nende juurde ja küsin, kas ma võin nendega ühineda. Nad ütlevad "jah" ja me veedame ülejäänud õhtu vesteldes, naerdes ja **päikeseloojangut** vaadates. See on täiuslik õhtu. Rühm ja mina räägime kuni päikeseloojanguni. Jagame lugusid ja nalju ning meil kõigil on väga lõbus. Kui õhtu hakkab langema, hakkame kõik väsima. Me suudleme üksteist **hüvasti** ja läheme lahku. Ma kõnnin tagasi oma hotelli, tundes end õnnelikult ja rahulolevalt. Ma ei suuda uskuda, kui ilus on siin. Ma olen nii õnnelik, et olen seda **kogenud.**

répond-elle avec un sourire. "Ton père." "Vraiment ?"
Je dis, **surpris**. "Oui," dit-elle. "Nous avions l'habitude
de venir ici tout le temps ensemble. C'est là que nous
sommes tombés amoureux. " Je souris, **imaginant**
mes parents tombant amoureux sur cette magnifique
plage. " C'est un endroit spécial ", répète-t-elle. "Je suis
contente que tu sois venu ici aujourd'hui."

Nous restons assis là un moment de plus, à **regarder**
les vagues et le coucher de soleil. Puis nous nous
levons et retournons à nos serviettes de plage.
Je m'allonge et regarde les étoiles. Je me sens si
heureuse et satisfaite. Les vagues sont plus fortes
maintenant, et le sable est froid. Le soleil se couche et
une brise fraîche souffle. Les vagues s'écrasent sur le
rivage et l'odeur du sel flotte dans l'air. C'est une soirée
parfaite pour être à la plage. Je me promène le long du
rivage, en **écoutant le** bruit des vagues et en regardant
le coucher du soleil. Je vois un groupe de personnes
assises sur le sable, qui rient et plaisantent. Ils ont
l'air de passer un bon moment. Je m'approche d'eux
et leur demande si je peux les rejoindre. Ils acceptent
et nous passons le reste de la soirée à parler, à rire
et à regarder le **coucher de soleil**. C'est une soirée
parfaite. Le groupe et moi parlons jusqu'au coucher du
soleil. Nous partageons des histoires et des blagues,
et nous passons tous un bon moment. À la tombée de
la nuit, nous commençons tous à nous sentir fatigués.
Nous nous embrassons et nous nous séparons.

Arusaamise küsimused

1. Kuhu läheb jutustaja pärast ärkamist?

2. Mida imetleb jutustaja, kui ta mööda randa kõnnib?

3. Mida peab jutustaja jälgima, kui ta mööda randa kõnnib?

4. Kuhu istub jutustaja, et nautida vaadet?

5. Kui kaua jutustaja seal istub?

6. Keda näeb jutustaja, kui ta taas silmad avab?

7. Mida ütleb jutustaja ema?

8. Millest räägivad jutustaja ja inimesed, kellega ta kohtub?

Questions de compréhension

1. Où va la narratrice après son réveil ?

2. Qu'est-ce que la narratrice admire en marchant le long de la plage ?

3. De quoi la narratrice doit-elle se méfier lorsqu'elle marche le long de la plage ?

4. Où le narrateur s'assoit-il pour profiter de la vue ?

5. Combien de temps le narrateur reste-t-il assis là ?

6. Qui la narratrice voit-elle lorsqu'elle ouvre à nouveau les yeux ?

7. Que dit la mère du narrateur ?

8. De quoi parlent la narratrice et les personnes qu'elle rencontre ?

Telkimine järve ääres

Ma kõnnin järve poole, **imetledes** selle rahulikku maastikku. Päike paistab väikesele järvele, muutes vee nagu klaasist. Ainus liikumine on aeg-ajalt pinnast **murdnud** kalade lainetus. Isegi linnud näivad kuumusest puhkavat, õhku täidab vaid tsiteerivate tšikatade heli. **Järsku** murrab rahu vali pritsimine. Suur **kala** on hüpanud veest välja, püüdes kinni liblikat. Kala ei taba oma sihtmärki ja kukub priskelt vette tagasi. "Vau," mõtlen ma endamisi, "see oli suur kala!". Vaatan ringi, et näha, kas keegi teine nägi seda, kuid kedagi ei ole ümberringi. Pean vist neile rääkima, kui laagrisse tagasi jõuan.

Kuumus on **rõhuv**, mistõttu on raske hingata. Õhk on paks ja raske, nagu oleks see nagu tekk sinu ümber mähitud. Ainus leevendus on vesi. See on jahe ja värskendav, nagu külm jook kuumal päeval. Hingan sügavalt sisse ja sukeldun vette. Leevendus on kohene, kui jahe vesi mind ümbritseb. Uin alla põhja ja siis tagasi pinnale, tundes, kuidas vesi mu keha jahutab. Ma jätkan **ujumist**, nautides kuumusest vabanemist. Mõne aja pärast tulen veest välja ja heidan murule pikali, lastes päikesel oma keha kuivatada. Sulgen silmad ja vajun magama, **tšikatade** heli uinutab mind sügavasse unne. Lasen päikesel küpsetada vee oma

Camping au lac

Je me dirige vers le lac, **admirant** la tranquillité de la scène. Le soleil tape sur le petit lac, faisant ressembler l'eau à une feuille de verre. Le seul mouvement est l'ondulation occasionnelle d'un poisson **brisant la** surface. Même les oiseaux semblent prendre une pause de la chaleur, avec seulement le son des cigales remplissant l'air. **Soudain**, la paix est rompue par un grand plouf. Un gros **poisson** a sauté hors de l'eau, essayant d'attraper une libellule. Le poisson rate sa cible et retombe dans l'eau avec un plouf. "Wow," je me dis, "c'était un gros poisson !". J'ai regardé autour de moi pour voir si quelqu'un d'autre l'avait vu, mais il n'y avait personne. Je suppose que je devrai leur dire quand je rentrerai au camp.

La chaleur est **oppressante**, il est difficile de respirer. L'air est épais et lourd, comme une couverture qui vous enveloppe. Le seul soulagement est dans l'eau. Elle est fraîche et rafraîchissante, comme une boisson fraîche par une journée chaude. Je prends une profonde inspiration et je plonge dans l'eau. Le soulagement est immédiat car l'eau fraîche m'entoure. Je nage jusqu'au fond, puis remonte à la surface, sentant l'eau refroidir mon corps. Je continue à **faire** des longueurs, appréciant le répit de la chaleur. Après un moment,

nahast välja. Tunnen, kuidas mu nahk punetab, kuid ma ei hooli sellest. Mul on liiga palav, et sellest hoolida. järgmine asi, mida ma tean, on päike loojumas. Taevas on kaunis oranž, roosade ja lillade triipudega. Kuumus on kadunud, asemele on tulnud jahe **tuul**.

Tõusen üles ja panen riided selga, tundes end värskena ja noorena. **Hingan** sügavalt **sisse** jahedat õhku ja naeratan. On hea tunne olla elus. Kõnnin tagasi laagripaika, imetledes seda, kuidas värvid taevas tantsivad. Näen eemal põlevat lõket ja tunnen õhus suitsu lõhna. Naeratan ja **kiirendan** sammu. Olen valmis lõõgastuma ja nautima ülejäänud õhtut. Jalutan laagriplatsile ja näen, et kõik on kogunenud lõkke ümber. Nad **naeravad** ja naljatlevad ning ma näen, kuidas tuli peegeldub nende silmades. Naeratan ja istun oma sõprade kõrvale. On hea olla tagasi. Järgmisel hommikul ärkan varakult ja hakkan oma asju kokku pakkima. Ma olen innukas, et minna tagasi rajale ja jätkata oma teekonda. Ütlen oma sõpradele hüvasti ja hakkan minema kõndima. Jalutades heidan viimast korda pilgu **laagriplatsile**. Näen, et lõke põleb endiselt eemal, ja tunnen õhus suitsu lõhna. Naeratan ja kiirendan sammu. Olen valmis oma **teekonda** jätkama.

je sors de l'eau et je m'allonge sur l'herbe, laissant le soleil sécher mon corps. Je ferme les yeux et m'endors, le son des **cigales** me berce dans un profond sommeil. Je laisse le soleil faire sortir l'eau de ma peau. Je sens que ma peau devient rouge, mais je m'en moque. J'ai trop chaud pour m'en soucier. La prochaine chose que je sais, c'est que le soleil se couche. Le ciel est d'un bel orange, avec des traces de rose et de violet. La chaleur a disparu, remplacée par une **brise** fraîche.

Je me lève et me rhabille, me sentant rafraîchie et rajeunie. Je **respire** profondément l'air frais et je souris. C'est bon d'être en vie. Je retourne au camping, en admirant la façon dont les couleurs dansent dans le ciel. Je peux voir le feu de camp qui brûle au loin et je peux sentir la fumée dans l'air. Je souris et j'**accélère le** pas. Je suis prête à me détendre et à profiter du reste de ma soirée. J'entre dans le camping et je vois que tout le monde est rassemblé autour du feu. Ils **rient** et plaisantent, et je peux voir le feu se refléter dans leurs yeux. Je souris et m'assieds à côté de mes amis. C'est bon d'être de retour. Le lendemain matin, je me réveille tôt et je commence à préparer mes affaires. J'ai hâte de retourner sur le sentier et de poursuivre mon voyage. Je dis au revoir à mes amis et commence à m'éloigner. En marchant, je jette un dernier regard sur le **camping**. Je peux voir le feu qui brûle toujours au loin et je peux sentir la fumée dans l'air. Je souris et j'accélère le pas. Je suis prêt à poursuivre mon **voyage**.

Arusaamise küsimused

1. Kuhu kõndija läheb?

2. Milline ilm on?

3. Milline näeb vesi välja?

4. Kuidas reageerib kõndija kuumusele?

5. Mida kala teeb?

6. Miks on käija üksi?

7. Kuidas vesi tundub?

8. Kuidas tunneb kõndija end pärast ujumist?

9. Mis kellaaeg on, kui kõndija ärkab?

10. Kuhu läheb käija, kui ta laagrist lahkub?

Questions de compréhension

1. Où va le marcheur ?

2. Quel temps fait-il ?

3. À quoi ressemble l'eau ?

4. Comment le marcheur réagit-il à la chaleur ?

5. Que fait le poisson ?

6. Pourquoi le marcheur est-il seul ?

7. Quelle est la sensation de l'eau ?

8. Comment le marcheur se sent-il après avoir nagé ?

9. A quelle heure de la journée le déambulateur se réveille-t-il ?

10. Où va le marcheur quand il quitte le camp ?

Maja

Ma kolisin eelmisel nädalal oma uude majja ja olen nii **elevil**! See on palju suurem kui mu vana ja sellel on suur tagahoov. Ma ei jõua ära oodata, et sõpru grillima ja pidutsema kutsuda. Minu lemmikosa on minu uus magamistuba. See on nii suur ja hele ning mul on palju ruumi, kuhu ma kõik oma asjad paigutada. Ma olen oma uue majaga väga rahul ja ma arvan, et mul on siin väga hea elada. Ma otsustasin maja veidi rohkem uurida. Läksin teisele korrusele ja hakkasin köögi poole minema, kui nägin seinal suurt musta ämblikku! Ma karjusin ja jooksin alla. Ma olin nii **hirmul**! Aga mõne minuti pärast rahunesin ja otsustasin tagasi üles minna. Jõudsin aeglaselt kööki ja nägin, et ämblik oli kadunud. Ma olin nii kergendunud! Läksin tagasi alla ja otsustasin minna õue, et uurida **tagahoovi**. See oli nii suur! Ma ei suutnud seda uskuda. Nägin nurgas kiike ja liugu. Nägin ka korvpallivõrku ja **batuuti**. Ma olin nii elevil!

Ma ei jõua ära oodata, et kasutada kõiki neid uusi asju. **Naabrid tulid** kohale ja tutvustasid end. Nad tundusid väga toredad ja me vestlesime mõnda aega. Nad kutsusid mind järgmisel nädalavahetusel oma grillile ja ma ütlesin, et tulen hea meelega. Mul oli suurepärane esimene nädal uues majas ja ma olen põnevil kõigi uute seikluste pärast, mis ees ootavad. Täna lähen jälle tagahoovi uurima ja vaatan, mida ma veel leian. Kes teab, võib-olla leian isegi mõne **aarde**. Ma ei jõua ära

La Maison

J'ai emménagé dans ma nouvelle maison la semaine dernière, et je suis si **excitée** ! Elle est tellement plus grande que l'ancienne, et elle a un grand jardin. J'ai hâte d'inviter des amis pour des barbecues et des fêtes. Ce que je **préfère,** c'est ma nouvelle chambre. Elle est si grande et lumineuse, et j'ai beaucoup d'espace pour mettre toutes mes affaires. Je suis très contente de ma nouvelle maison et je pense que je serai très heureuse ici. J'ai décidé d'explorer un peu plus la maison. Je suis monté au deuxième étage et j'ai commencé à me diriger vers la cuisine quand j'ai vu une grosse araignée noire sur le mur ! J'ai crié et j'ai couru en bas. J'avais tellement **peur** ! Mais après quelques minutes, je me suis calmée et j'ai décidé de retourner à l'étage. J'ai lentement fait mon chemin vers la cuisine et j'ai vu que l'araignée était partie. J'étais tellement soulagée ! Je suis redescendu et j'ai décidé de sortir pour explorer le **jardin**. Elle était si grosse ! Je n'arrivais pas à y croire. J'ai vu une balançoire dans le coin et un toboggan. J'ai aussi vu un filet de basket et un **trampoline**. J'étais tellement excitée!

J'ai hâte d'utiliser tous ces nouveaux trucs. Les **voisins** sont venus et se sont présentés. Ils avaient l'air très gentils, et nous avons parlé un moment. Ils m'ont invité à leur barbecue le week-end prochain, et j'ai dit que j'aimerais beaucoup venir. J'ai passé une excellente

oodata, mida järgmine nädal toob! Järgmisel nädalal läksin jälle tagahoovi uurima ja leidsin **salajase** aia. See oli nii ilus! Kõikjal olid lilled ja väike tiik, kus olid kalad. Samuti nägin ma kiike, mida ma polnud varem näinud. Ma olin nii elevil, et leidsin selle salajase aia, ja ma ei suuda ära oodata, et seda rohkem uurida. See oli nii **ilus**!

Kõikjal olid lilled ja väike tiik, kus olid kalad. Ma nägin ka **kiike, mida ma polnud** varem näinud. Ma olin nii põnevil, et leidsin selle salajase aia, ja ma ei suuda ära oodata, et seda rohkem uurida. Mulle meeldis ka minu uus tuba. See oli nii suur ja hele ning seintel olid juba minu lemmikbändide plakatid. Ma ei pidanud isegi mitte ühtegi oma **mööblit** kaasa võtma, sest siin oli juba olemas voodi, kapp ja kirjutuslaud. See saab olema parim aasta üldse! Ma olin natuke närvis, et alustan uues **koolis, aga** kõik mu uued naabrid on olnud nii sõbralikud. Ma kohtusin isegi ühe tüdrukuga, kes elab naabruses, ja ta ütles, et läheb minuga esimesel päeval koos kooli. Ma armastan oma uut maja ja olen nii põnevil, et saan alustada seda uut peatükki oma elus! Homne päev saab olema suurepärane! Huvitav, millised seiklused ootavad ees. Kõik mu asjad on lahti pakitud ja ma olen valmis magama minema. Ma ei jõua ära oodata, mida **homne päev** toob!

première semaine dans ma nouvelle maison et j'ai hâte de vivre toutes les nouvelles aventures qui m'attendent. Aujourd'hui, je vais encore aller explorer le jardin et voir ce que je peux trouver d'autre. Qui sait, peut-être vais-je même trouver un **trésor**. J'ai hâte de voir ce que la semaine prochaine nous réserve ! La semaine suivante, je suis retourné explorer le jardin et j'ai trouvé un jardin **secret**. C'était tellement beau ! Il y avait des fleurs partout et un petit étang avec des poissons dedans. J'ai aussi vu une balançoire que je n'avais jamais vue auparavant. J'étais si excitée de trouver ce jardin secret, et j'ai hâte de l'explorer davantage. C'était tellement **beau** !

Il y avait des fleurs partout et un petit étang avec des poissons dedans. J'ai aussi vu une **balançoire** que je n'avais jamais vue auparavant. J'étais si excitée de trouver ce jardin secret, et j'ai hâte de l'explorer davantage. J'ai aussi adoré ma nouvelle chambre. Elle était si grande et lumineuse, et il y avait déjà des posters de mes groupes préférés sur les murs. Je n'ai même pas eu besoin d'apporter mes propres **meubles** car il y avait déjà un lit, une commode et un bureau. Ça va être la meilleure année de ma vie ! J'étais un peu nerveux à l'idée de commencer dans une nouvelle **école**, mais tous mes nouveaux voisins ont été si gentils. J'ai même rencontré une fille qui habite à côté et elle m'a dit qu'elle m'accompagnerait à l'école le premier jour.

Arusaamise küsimused

1. Kus isik elab?

2. Kuidas inimesele uues majas meeldib?

3. Mis on inimese lemmikosa uues majas?

4. Mida leidis inimene aiast?

5. Kes on naabrid?

6. Kuidas tundusid isiku esimesed päevad uues majas?

7. Mis on isiku lemmikosa uues toas?

8. Mida kavatseb isik homme teha?

9. Mis oli inimese esimese nädala parim osa uues majas?

10. Mis kõik on inimese uues toas?

Questions de compréhension

1. Où vit la personne ?

2. Comment la personne se sent-elle dans sa nouvelle maison ?

3. Quelle est la partie de la nouvelle maison que la personne préfère ?

4. Qu'est-ce que la personne a trouvé dans le jardin ?

5. Qui sont les voisins ?

6. Comment se sont passés les premiers jours de la personne dans sa nouvelle maison ?

7. Quelle est la partie de la nouvelle pièce que la personne préfère ?

8. Qu'est-ce que la personne prévoit de faire demain ?

9. Quelle a été la meilleure partie de la première semaine de la personne dans sa nouvelle maison ?

10. Qu'y a-t-il dans la nouvelle chambre de la personne ?

Rongis

Ma jooksin rongijaama, kuid olin liiga hilja. Rong oli juba ilma minuta ära sõitnud. Ma olin nii **vihane** ja **pettunud** endas. Mul oli plaanis sõita rongiga oma maal elavate vanavanemate juurde, kuid nüüd pidin ma terve tunni järgmist rongi ootama. Otsustasin selle asemel veidi aega linnas ringi jalutada ja püüdsin unustada oma kaotatud võimalust. Jalutades hakkasin **unistama** kõigist kohtadest, kuhu **rongiga** saab sõita. Järsku ei olnud ma enam nii ärritunud. Suunan tagasi jaama ja ei saa jätta märkamata suurt punavalget ja sinist vedurit, mis tormab minu poole. Alles siis, kui näen, kuidas **konduktor** mulle aknast lehvitab, saan aru, et see rong on minu jaoks. Ma astun rongile ja leian oma istekoha, asudes pikaks peetavaks reisiks sisse.

Kui me jaamast välja sõidame, ei saa ma muud teha, kui mõtlen, kuhu see rong mind viib. Läbi roheliste **põldude** ja üle siniste jõgede, mööda mägede ja orgude, ei tea, kuhu see vana rong sõidab. Kui öö hakkab langema, vajun ma **rahulikku** unne, mida lummab vagunite **rütmiline** liikumine rööbasteel. Kui hommik jälle saabub, avan silmad ja avastan, et oleme jõudnud väikesesse linna kusagil keset mitte midagi. Päike paistab just üle horisondi, kui kohalikud hakkavad Main Streetil ringi liikuma; see näeb siin välja nagu iga

Dans le train

J'ai couru jusqu'à la gare, mais c'était trop tard. Le train était déjà parti sans moi. Je me suis sentie tellement **en colère** et **déçue** de moi-même. J'avais prévu de prendre le train pour rendre visite à mes grands-parents qui vivent à la campagne, mais maintenant je devais attendre le prochain train pendant une heure entière. J'ai décidé de me promener un peu dans la ville à la place et j'ai essayé d'oublier cette occasion manquée. En marchant, j'ai commencé à **rêver à** tous les endroits où le **train** peut vous emmener. Soudain, je n'étais plus aussi contrariée. Je suis retourné dans la gare et je n'ai pu m'empêcher de remarquer la grande locomotive rouge, blanche et bleue qui se dirigeait vers moi. Ce n'est que lorsque je vois le **conducteur** me faire signe par la fenêtre que je réalise que ce train est pour moi. Je monte dans le train et trouve mon siège, m'installant pour ce qui promet d'être un long voyage.

Alors que nous sortons de la gare, je ne peux m'empêcher de me demander où ce train va m'emmener. À travers des **champs** verts et des rivières bleues, en passant par des montagnes et des vallées, on ne sait pas où ce vieux train va aller. À la tombée de la nuit, je m'endors **paisiblement**, bercé par le mouvement **rythmique** des wagons sur les rails en contrebas. Quand le matin revient, j'ouvre les yeux

teine päev, välja arvatud üks asi - linnavalitsuse lähedal on suur silt "Tere tulemast!". Tundub, et see väike linn on meid juba oodanud, kuigi me oleme lihtsalt tavaline reisirong, mis sõidab siit läbi. Kui jätame linna taas kord selja taha, tormates edasi, kes teab kuhu, naeratan kõigile sõbralikele nägudele, kes lehvitavad hüvasti nendest väikestest majadest, mis asuvad **põllumaade** vahel **- see** on tõesti hämmastav, kuidas midagi nii näiliselt tavalist võib tuua nii palju rõõmu lihtsalt läbisõiduga. Ja siis on muidugi **lapsed**.

Ma kummardun oma veduri aknast välja. Nad teevad mind oma säravate silmade ja suure naeratusega alati nii õnnelikuks. Ma lehvitan neile energiliselt tagasi, enne kui naasen oma **kajutisse** ja võtan istet. See on juba olnud pikk päev, kuid see pole veel lõppenud; on veel paar tundi, enne kui jõuame oma **lõppsihtkohta**. Võtan välja oma raamatu ja hakkan lugema, lastes rongi rütmilisel kiikumisel end rahulikku seisundisse uinutada.

pour constater que nous sommes arrivés dans une petite ville quelque part au milieu de nulle part. Le soleil pointe à peine à l'horizon et les habitants commencent à s'agiter dans la rue principale ; c'est un jour comme les autres ici, à l'exception d'une chose : il y a un grand panneau près de l'hôtel de ville qui dit "Bienvenue à bord". Il semble que cette petite ville nous attendait, même si nous ne sommes qu'un train de **voyageurs** ordinaire qui passe par là pour aller ailleurs. Alors que nous laissons la ville derrière nous une fois de plus, en direction d'on ne sait où, je souris à tous les visages amicaux qui nous saluent depuis ces petites maisons nichées au milieu des **terres agricoles - c**'est vraiment étonnant de voir comment quelque chose d'apparemment si ordinaire peut apporter tant de joie simplement en passant par là. Et puis, bien sûr, il y a les **enfants**.

Je me penche par la fenêtre de ma locomotive. Ils me rendent toujours si heureux avec leurs yeux brillants et leurs grands sourires. Je leur fais un signe de la main énergique avant de retourner dans ma **cabine** et de m'asseoir. La journée a déjà été longue, mais elle n'est pas encore terminée ; il reste encore quelques heures avant d'atteindre notre **destination** finale. Je sors mon livre et commence à lire, laissant le balancement rythmique du train me bercer dans un état paisible.

Arusaamise küsimused

1. Kuhu sõidab rong?

2. Kes reisib rongiga?

3. Millal rong väljub?

4. Kuidas pääses peategelane rongile?

5. Kust tuleb rong?

6. Kuhu sõidab rong edasi?

7. Millal reisijad saabusid?

8. Mida tunneb peategelane, kui ta rongist maha jääb?

9. Kuidas reageerib rongijuht, kui ta näeb peategelast?

10. Miks peategelasele meeldivad rongid?

Questions de compréhension

1. Où va le train ?

2. Qui voyage dans le train ?

3. Quand le train part-il ?

4. Comment le protagoniste monte-t-il dans le train ?

5. D'où vient le train ?

6. Où le train va-t-il ensuite ?

7. Quand les passagers sont-ils arrivés ?

8. Que ressent le protagoniste lorsqu'il rate le train ?

9. Comment le conducteur du train réagit-il lorsqu'il voit le protagoniste ?

10. Pourquoi le protagoniste aime-t-il les trains ?

Õhtusöögi valmistamine

Kell on nüüd 17.00 ja ma kõnnin töölt koju. **Ootan** rahulikku õhtut kodus koos oma partneriga. Valmistame koos õhtusööki ja siis lihtsalt lõõgastume ülejäänud õhtu. Hea tunne on teada, et mul ei ole täna **õhtul** mingeid plaane ega kohustusi. Jõuan koju ja mu partner on juba köögis, alustades meie õhtusöögi valmistamist. Siin lõhnab **hämmastavalt!** Me vestleme toiduvalmistamise ajal, räägime üksteise päevast ja jagame väikeseid lugusid oma tööelust. Köök on minu lemmikruum meie korteris. Ma armastan süüa teha ja eriti armastan süüa teha koos oma partneriga. Meil on siin alati nii lõbus, me naerame ja naljatame, samal ajal kui me tormiliselt süüa teeme. Lisaks on toit alati **uskumatu,** kui me **koos** töötame.

Täna õhtul teeme ühte minu kõigi aegade lemmikretsepti: **kana** parmesani. Minu partner alustab kana paneerimisega, samal ajal kui mina panen kastme **pliidil** keema. Me töötame koos nagu hästi õlitatud masin ja peagi õn õhtusöök serveerimiseks valmis. Istume oma väikese köögilaua taha, **taldrikud** täis kana Parmesani, pastat ja salatit. Klõbistame klaasidega ja võtame esimese suutäie - ja see on **taevalik!** Kana

Cuisiner le dîner

Il est 17 heures et je rentre à pied du travail. J'ai **hâte** de passer une soirée tranquille à la maison avec mon partenaire. Nous allons préparer le dîner ensemble et nous détendre pour le reste de la nuit. C'est agréable de savoir que je n'ai aucun projet ni aucune obligation ce **soir**. J'arrive à la maison et mon partenaire est déjà dans la cuisine, en train de préparer notre dîner. Ça sent **très bon** ici ! Nous bavardons tout en cuisinant, prenant des nouvelles de nos journées respectives et partageant des petites histoires de nos vies professionnelles. La cuisine est ma pièce préférée dans notre appartement. J'adore cuisiner, et j'aime particulièrement cuisiner avec mon partenaire. Nous passons toujours un bon moment ici, à rire et à plaisanter pendant que nous cuisinons. De plus, la nourriture est toujours **incroyable** lorsque nous travaillons **ensemble**.

Ce soir, nous faisons l'une de mes recettes préférées : le **poulet au** parmesan. Mon partenaire commence par paner le poulet pendant que je fais mijoter la sauce sur la **cuisinière**. Nous travaillons ensemble comme une machine bien huilée, et en peu de temps, le dîner

on väljastpoolt krõbe, kuid seestpoolt mahlakas; kaste on maitsekas ja täiuslik; pasta on keedetud al dente... kõik maitseb täna absoluutselt ideaalselt. Me mõlemad teame, et see oli üks neist õhtutest, kus kõik on lihtsalt ideaalselt kokku tulnud, kui me **naudime** iga viimast suutäit oma maitsvat sööki. See maitses isegi paremini, kui see lõhnas - mis oli päris kuradi hea! Me lõpetame oma söögi suhteliselt kiiresti, sest kumbki meist ei ole täna eriti näljane, kuid me võtame aega, nautides veel paar **klaasi** veini ja vesteldes samal ajal kergelt sellest ja sellest teemast. Pärast õhtusööki koristame koos kiiresti ära ja liigume siis elutuppa, kus veedame mõnda aega telerit vaadates diivanil **kallistades.**

est prêt à être servi. Nous nous asseyons à notre petite table de cuisine avec des **assiettes** remplies de poulet au parmesan, de pâtes et de salade. Nous faisons tinter les verres et prenons notre première bouchée - et c'est **divin** ! Le poulet est croustillant à l'extérieur mais juteux à l'intérieur ; la sauce est savoureuse et parfaite ; les pâtes sont cuites al dente... tout a un goût absolument parfait ce soir. Nous savons tous les deux que c'était l'une de ces nuits où tout s'est parfaitement réuni alors que nous **savourons** chaque bouchée de notre délicieux repas. Le goût était encore meilleur que l'odeur, qui était sacrément bonne ! Nous terminons notre repas assez rapidement car aucun de nous n'a particulièrement faim aujourd'hui, mais nous prenons notre temps en dégustant quelques **verres** de vin supplémentaires tout en discutant légèrement de tel ou tel sujet. Après le dîner, nous nettoyons rapidement ensemble et passons au salon, où nous passons un moment à **nous câliner** sur le canapé en regardant la télévision.

Arusaamise küsimused

1. Kust on jutustaja pärit?

2. Mida teeb jutustaja pärast tööd?

3. Mida sööb jutustaja õhtusöögiks?

4. Miks meeldib jutustajale köök?

5. Millist rooga valmistab paar?

6. Kuidas tunneb jutustaja end õhtu lõpus?

7. Mis on paari lemmiktegevus?

8. Mida teeb paar, kui nad väsivad?

9. Kus nad magavad?

10. Miks meeldib jutustajale kodus olla?

Questions de compréhension

1. D'où vient le narrateur ?

2. Que fait le narrateur après le travail ?

3. Que mange le narrateur pour le dîner ?

4. Pourquoi le narrateur aime-t-il la cuisine ?

5. Quel genre de plat le couple cuisine-t-il ?

6. Que ressent le narrateur à la fin de la soirée ?

7. Quelle est l'activité préférée du couple ?

8. Que fait le couple quand il est fatigué ?

9. Où dorment-ils ?

10. Pourquoi le narrateur aime-t-il rester à la maison ?

Jalutuskäik koju

See oli **rahulik** õhtu, kui ma töölt koju kõndisin. Jalutades ei saanud ma muud teha, kui naeratada mälestuste üle. Oli hea tunne olla tagasi oma vanas naabruskonnas. Ma lehvitasin mõnele tuttavale inimesele ja nad lehvitasid tagasi. Oli hea olla kodus. Jalutasin oma vanast koolist mööda ja **meenutasin** kõiki häid aegu, mis mul oma sõpradega olid. Me kõndisime alati koos koju ja rääkisime oma päevast. **Mõnikord** peatusime ja võtsime jäätist või läksime parki. Need olid parimad ajad. Ma igatsen neid aegu. Aga nüüd on mul oma pere ja ma olen oma eluga rahul. Mul on hea meel, et ma võin neile mälestustele tagasi vaadata ja naeratada. Need on osa minu elust, mida ma alati kalliks pean. Need olid parimad ajad. Ma igatsen neid aegu. Aga nüüd on mul oma pere ja ma olen oma eluga rahul. Mul on hea meel, et ma saan neile **mälestustele** tagasi vaadata ja naeratada. Need on osa minu elust, mida ma alati kalliks pean.

Ma kõnnin edasi, mõeldes headele aegadele, mis mul oma sõpradega olid. Ma tean, et näen neid varsti uuesti. Ma suundun oma kodu poole ja otsustan kõndida läbi lähedalasuva pargi. Päike on loojumas ja taevas on muutumas **ilusaks** oranžiks. Park on tühi, välja arvatud mõned linnud, kes laulavad puude vahel.

Walking Home

C'était une nuit **paisible** alors que je rentrais du travail. En marchant, je ne pouvais m'empêcher de sourire aux souvenirs. C'était bon d'être de retour dans mon ancien quartier. J'ai salué quelques personnes que je connaissais, et elles m'ont salué en retour. C'était bon d'être chez soi. Je suis passé devant mon ancienne école et je **me suis souvenu de** tous les bons moments que j'ai passés avec mes amis. On rentrait toujours ensemble à la maison et on parlait de notre journée. **Parfois,** on s'arrêtait pour acheter une glace ou aller au parc. C'était les meilleurs moments. Ces moments me manquent. Mais maintenant, j'ai ma propre famille et je suis heureuse de ma vie. Je suis heureux de pouvoir repenser à ces souvenirs et de sourire. Ils font partie de ma vie et je les chérirai toujours. C'était les meilleurs moments. Ils me manquent. Mais maintenant, j'ai ma propre famille et je suis heureux de ma vie. Je suis heureux de pouvoir repenser à ces **souvenirs** et de sourire. Ils font partie de ma vie et je les chérirai toujours.

Je continue à marcher, en pensant aux bons moments que j'ai passés avec mes amis. Je sais que je les reverrai bientôt. Je me dirige vers ma maison et décide de me promener dans un parc à proximité. Le soleil se

Hingan sügavalt **sisse** ja naeratan. Pargis jalutades näen taevas langevat tähte. Soovin seda tähte ja kõnnin edasi. Mõtlen oma tööpäevale ja sellele, kui **rahulik** see oli. Naeratan endale, mõeldes, kui õnnelik ma olen, et mul on nii hea töö. Kõnnin koju, **tundes** jahedat ööõhku oma nahal. Ma tunnen end nii elavana ja õnnelikuna, nautides lihtsalt seda, et kõnnin rahulikul ööl koju. Tundsin end nii hästi, et hakkasin **vilistama**. Jalutasin tänaval mõnest inimesest mööda, kuid nad kõik tegelesid oma asjadega.

Keerasin oma tänavale ja nägin oma naabri kassi, härra Viskit, minu verandal istumas. Ütlesin talle tere ja ta miautas tagasi. **Tegin** ukse **lahti** ja läksin sisse. Olin nii õnnelik, et olin kodus. Võtsin kingad jalast ja valmistasin end voodisse. Läksin sel õhtul magama, olles õnnelik ja tänulik, mu süda oli täis armastust. Magasin terve öö rahulikult, ilma et oleksin millegi pärast muretsenud. Ärkasin rahulikust unest ja mind **tervitas** aknast sisse paistev päike. Tõusin voodist ja sirutasin end, hingasin sügavalt sisse ning tundsin, kuidas jahe õhk mu kopsud täitis.

couche et le ciel prend une **belle** couleur orange. Le parc est vide, à l'exception de quelques oiseaux qui gazouillent dans les arbres. Je prends une profonde **inspiration** et je souris. Alors que je marche dans le parc, je vois une étoile filante traverser le ciel. J'ai fait un vœu sur cette étoile et j'ai continué à marcher. Je pense à ma journée de travail et au **calme qui** y régnait. Je souris à moi-même, en pensant à la chance que j'ai d'avoir un si bon travail. Je rentre chez moi, en **sentant l'**air frais de la nuit sur ma peau. Je me sens si vivante et heureuse, profitant du simple fait de rentrer chez moi par une nuit paisible. Je me sentais si bien que j'ai commencé à **siffler**. Je suis passé devant quelques personnes dans la rue, mais elles s'occupaient toutes de leurs affaires.

J'ai tourné le coin de ma rue et j'ai vu le chat de mon voisin, M. Whiskers, assis sur mon porche. Je lui ai dit bonjour et il miaulait en retour. J'ai **déverrouillé** ma porte et je suis entrée. J'étais si heureuse d'être chez moi. J'ai enlevé mes chaussures et me suis préparée pour aller me coucher. Je me suis couchée ce soir-là, heureuse et reconnaissante, le cœur plein d'amour. J'ai dormi profondément toute la nuit, sans me soucier de rien. Je me suis réveillée d'un sommeil réparateur et j'ai été **accueillie** par le soleil qui brillait à travers ma fenêtre. Je suis sorti du lit et me suis étiré, prenant une profonde inspiration et sentant l'air frais remplir mes poumons.

Arusaamise küsimused

1. Mida tegi peategelane, kui lugu algas?

2. Mida mõtles peategelane koju kõndides?

3. Mida tavatses peategelane koos sõpradega pärast kooli teha?

4. Mida peategelane nendest aegadest igatseb?

5. Mida arvab peategelane oma praegusest elust?

6. Mida teeb peategelane, kui ta näeb langevat tähte?

7. Mida tunneb peategelane, kui ta koju läheb?

8. Mida teeb peategelane, kui ta koju jõuab?

9. Kuidas tunneb peategelane end järgmisel hommikul ärgates?

10. Mida teeb peategelane järgmisel päeval?

Questions de compréhension

1. Que faisait le protagoniste au début de l'histoire ?

2. À quoi le protagoniste a-t-il pensé en rentrant chez lui ?

3. Qu'est-ce que le protagoniste avait l'habitude de faire avec ses amis après l'école ?

4. Qu'est-ce que le protagoniste regrette de cette époque ?

5. Que pense le protagoniste de sa vie actuelle ?

6. Que fait le protagoniste lorsqu'il voit une étoile filante ?

7. Que ressent le protagoniste lorsqu'il rentre à pied chez lui ?

8. Que fait le protagoniste lorsqu'il rentre chez lui ?

9. Que ressent le protagoniste lorsqu'il se réveille le lendemain matin ?

10. Que fait le protagoniste le lendemain ?

Loss

Perekond oli alati tahtnud külastada ühte vana lossi **Saksamaal** ja lõpuks võtsid nad selle reisi ette. Nad ei olnud **pettunud**. Loss oli ilus ning nad nautisid selle paljude tubade ja koridoride avastamist. Esimene asi, mis neid tabas, oli lõhn. Nad leidsid **hallitust**, niiskust ja midagi muud, mida nad ei osanud täpselt määratleda. Teine asi oli heli. Kiviseinad on küll paksud, kuid need ei summuta heli täielikult. Nad kuulsid iga sammu, iga normaalse häälega öeldud sõna ja aeg-ajalt **kuskil** eemal tilkuvat vett. Kui nende silmad kohanesid hämaraga, nägid nad ümberringi massiivseid kiviseinu, mille küljes rippusid seintelt **räsitud** kaltsukesed. Nad seisid tohutus saalis, mille kõrget lage toetasid nikerdatud sambad. Neile meeldis ka tornidest avanev vaade ja lastel oli väga lõbus ringi joosta. **Päike** oli hakanud loojuma, kui nad lossi avastamisega lõpetasid, ja nad kahetsesid, et ei olnud **taskulampi** kaasa võtnud. Nad otsustasid minna tagasi sissepääsu juurde, kuid peagi leidsid nad end eksinud olevat. Nad ekslesid ringi tundus olevat tundide kaupa, kuni lõpuks leidsid nad ukse, mis viis väljapoole. Nad läksid edasi, kuni **jõudsid** saali lõppu ja jõudsid imposantsete topeltuste juurde. Nad püüdsid, kuidas tahtsid, kuid uksed ei liigutanud end. Need kolisesid **kurjakuulutavalt**, kuid ei liikunud sentigi. Näis, et kes iganes siin varem oli, pidi

Le château

La famille avait toujours voulu visiter un vieux château en **Allemagne**, et elle a finalement fait le voyage. Ils n'ont pas été **déçus**. Le château était magnifique, et ils ont pris plaisir à explorer ses nombreuses pièces et couloirs. La première chose qui les frappe est l'odeur. Ils ont trouvé de la **moisissure**, de l'humidité et quelque chose d'autre qu'ils n'ont pas réussi à identifier. La deuxième chose a été le son. Les murs de pierre sont épais, mais ils n'étouffent pas complètement le son. Ils ont entendu chaque pas, chaque mot prononcé d'une voix normale, et le goutte-à-goutte occasionnel de l'eau **quelque part** au loin. Lorsque leurs yeux se sont adaptés à la faible lumière, ils ont vu des murs de pierre massifs se dresser tout autour d'eux, des tapisseries en **lambeaux y étant** suspendues. Ils se tenaient dans un immense hall avec un haut plafond soutenu par des piliers sculptés. Ils ont également aimé les vues depuis les tourelles, et les enfants ont eu beaucoup de plaisir à courir dans le parc. Le **soleil** avait commencé à se coucher lorsqu'ils ont fini d'explorer le château, et ils ont regretté de ne pas avoir apporté de **lampe de poche**. Ils ont décidé de retourner à l'entrée, mais ils se sont vite perdus. Ils errent pendant des heures, jusqu'à ce qu'ils trouvent enfin une porte qui mène à l'extérieur. Ils ont continué jusqu'à ce qu'ils **atteignent le** bout du

siit läbi käima ja need seestpoolt lukustama. Lõpuks leiavad nad väljapääsu. Rahulolu valdas neid, kui nad astusid välja jahedasse ööõhku.

Päike oli hakanud loojuma ja nad **kahetsesid, et** ei olnud taskulampi kaasa võtnud. Nad otsustasid minna tagasi sissepääsu juurde, kuid peagi leidsid nad end eksinud olevat. Nad ekslesid ringi, mis tundus tundide viisi, kuni lõpuks leidsid nad ukse, mis viis **välja**. Kui nad jahedasse ööõhku astusid, valdas neid kergendus. Järgmisel õhtul võtsid nad kindlasti taskulambi kaasa, kui nad uurisid ülejäänud lossi. Nad kõndisid läbi **siseõue** ja alla jõe äärde, mis voolas lossimüüride taga. Kui nad ringi kõndisid, hakkasid nad kuulma kummalisi hääli. See kõlas nii, nagu oleks keegi neid jälginud. Nad kiirendasid oma sammu, kuid hääled muutusid valjemaks ja lähemale. Perekond jooksis nii kiiresti kui võimalik tagasi lossi ja nägid kergendatult, et **tumedas** mantlis tegelane ei olnud neile järgnenud.

couloir et arrivent à une imposante série de doubles portes. Ils ont beau essayer, les portes ne bougent pas. Elles cliquettent **sinistrement** mais ne bougent pas d'un pouce. On dirait que celui qui était ici avant a dû passer par là et les verrouiller de l'intérieur. Finalement, ils ont trouvé un moyen de sortir. Le soulagement les envahit alors qu'ils sortent dans l'air frais de la nuit.

Le soleil avait commencé à se coucher, et ils **regrettaient de ne pas avoir** apporté de lampe de poche. Ils ont décidé de retourner à l'entrée, mais ils se sont vite perdus. Ils ont erré pendant ce qui leur a semblé être des heures, jusqu'à ce qu'ils trouvent enfin une porte qui menait à **l'extérieur**. Le soulagement les a envahis alors qu'ils sortaient dans l'air frais de la nuit. Le lendemain soir, ils ont pris soin d'emporter une lampe de poche pour explorer le reste du château. Ils ont traversé la **cour** et sont descendus jusqu'à la rivière qui coulait derrière les murs du **château**. Alors qu'ils se promenaient, ils ont commencé à entendre des bruits étranges. On aurait dit que quelqu'un les suivait. Ils accélèrent le pas, mais les bruits deviennent plus forts et plus proches. Les membres de la famille courent vers le château aussi vite qu'ils le peuvent, et ils sont soulagés de voir que la silhouette au manteau **sombre** ne les a pas suivis.

Arusaamise küsimused

1. Mida tegi perekond, kui nad lossi eksisid?

2. Mida tundis perekond, kui nad avastasid, et tegemist on lihtsalt kohaliku mehega?

3. Mida tegi mees, mille tõttu ta arreteeriti?

4. Milline oli selle mehe karistus?

5. Millist müra kuulis perekond jalutuskäigu ajal?

6. Kus oli tumedas mantlis kuju, kui perekond teda nägi?

7. Mida tegi perekond, kui nad oma tuppa tagasi jõudsid?

8. Millal perekond jälle lossi uurima läks?

9. Mis oli see asi, mida pere ei suutnud kindlaks teha?

10. Mida tegi perekond enne, kui nad läksid uuesti lossi uurima?

Questions de compréhension

1. Qu'a fait la famille lorsqu'elle s'est perdue dans le château ?

2. Comment la famille s'est-elle sentie quand elle a découvert que c'était juste un homme du coin ?

3. Qu'a fait l'homme qui a été arrêté ?

4. Quelle a été la sentence pour cet homme ?

5. Quel bruit la famille a-t-elle entendu pendant qu'elle marchait ?

6. Où était le personnage au manteau sombre quand la famille l'a vu ?

7. Qu'a fait la famille en rentrant dans sa chambre ?

8. Quand la famille est-elle repartie explorer le château ?

9. Quelle était la chose sur laquelle la famille n'arrivait pas à mettre le doigt ?

10. Qu'a fait la famille avant de retourner explorer le château ?

Minu aed

Minu aed on minu õnnelik koht. Ma lähen sinna iga päev, olgu vihma või vihma, ja veedan aega oma taimede eest hoolitsedes. Mul on natuke **kõike - köögivilju**, puuvilju, lilli, maitsetaimi. Mul on isegi paar kana, kes aitavad kahjureid eemal hoida. Alustan oma päevi aias kanade munade kogumisega. Seejärel kontrollin oma köögivilju, et nad saaksid piisavalt vett ja päikest. Ma rohtun voodeid ja noppin ära kõik putukad, mis võivad taimi **rünnata.** Kui **kõik** on tehtud, istun maha ja naudin looduse rahu ja vaikust.

Mulle on alati meeldinud oma aias aega veeta. Loodus ja kogu selle pakutav **ilu** ümbritsevad mind kuidagi. Minu arvates on see väga rahulik ja rahustav koht. Veedan sageli aega oma aias lihtsalt lõõgastudes ja maastikku nautides. Samuti meeldib mulle aias töötada ja asju kasvatada. Mul on päris suur aed ja mulle meeldib seal erinevaid asju kasvatada. Ma kasvatan lilli, **köögivilju** ja maitsetaimi. Mul on ka mõned viljapuud, mis toodavad maitsvaid õunu, pirne ja ploome. Lisaks kasvatamisele meeldib mulle ka lihtsalt oma aias ringi jalutada ja **imetleda** kõiki erinevaid taimi ja loomi, kes seda aeda koduks peavad. Olen aastate jooksul veetnud palju tunde, et muuta oma **aed** mitte ainult ilusaks, vaid ka funktsionaalseks. Mulle meeldib jälgida

Mon jardin

Mon jardin est mon coin de paradis. J'y vais tous les jours, qu'il pleuve ou qu'il vente, et je passe du temps à m'occuper de mes plantes. J'ai un peu de **tout :** **légumes**, fruits, fleurs, herbes. J'ai même quelques poules qui m'aident à tenir les parasites à distance. Je commence mes journées dans le jardin en ramassant les œufs des poules. Puis je vérifie que mes légumes reçoivent suffisamment d'eau et de soleil. Je désherbe les plates-bandes et j'élimine les insectes qui pourraient **attaquer** les plantes. Une fois que **tout est** fait, je m'assois et je profite de la paix et du calme de la nature.

J'ai toujours aimé passer du temps dans mon jardin. Il y a quelque chose dans le fait d'être entouré par la nature et toute la **beauté qu**'elle a à offrir. Je trouve que c'est un endroit très paisible et apaisant. Je passe souvent du temps dans mon jardin à me détendre et à profiter du paysage. J'aime aussi travailler dans mon jardin et faire pousser des choses. J'ai un jardin d'assez bonne taille et j'aime y faire pousser toutes **sortes** de choses. Je fais pousser des fleurs, des **légumes** et des herbes aromatiques. J'ai aussi quelques arbres fruitiers qui produisent de délicieuses pommes, poires et prunes. En plus de faire pousser des choses, j'aime aussi passer du temps à me promener dans mon jardin,

lindude lendlemist ja kuulata nende laulmist. Mõnikord võtan isegi raamatu välja ja loen aias, olles ümbritsetud kogu selle ilu poolt, mille olen loonud. **Aiatöö** on minu kirg ja see toob mulle nii palju rõõmu. Iga päev minu aias on hea päev.

Üks asi, mida ma armastan teha, on süüa teha, seega on hästi varustatud ürdiaed minu jaoks väga **oluline.** Tüümian, basiilik, pune, rosmariin, salvei ja lavendel on vaid mõned maitsetaimed, mida mulle meeldib oma aias kasvatada, et saaksin neid kasutada, kui valmistan endale või **külalistele** toitu. Veel üks asi, mis on minu jaoks oluline, on tagada, et minu aias oleks palju värvi. Selle eesmärgi saavutamiseks kasvatan ma mitmesuguseid lilli, sealhulgas **roose**, lillioone, marliuneid, tulpe, impatiens'e, astelpaju jne. Lisaks lilledega värvide lisamisele meeldib mulle ka huvi lisada, kasutades erinevaid **tekstuure** kogu aias. Näiteks võin ma istutada sõnajalgu kõrguvate päevalillede alla või hostasid **kõrvuti** okkaliste dekoratiivsete rohttaimedega. Olenemata sellest, mis iganes muidu elus toimub, aitab aias töötamine **mul** alati tunda end rohkem loodusega seotud ja endaga rahulikumalt.

à **admirer** toutes les plantes et tous les animaux qui y vivent. J'ai passé de nombreuses heures au fil des ans à faire de mon **jardin** un endroit non seulement beau mais aussi fonctionnel. J'aime regarder les oiseaux voltiger et les écouter chanter. Parfois, je sors même un livre et je lis dans le jardin, entourée de toute la beauté que j'ai créée. Le **jardinage** est ma passion et il m'apporte tant de joie. Chaque jour dans mon jardin est un bon jour.

L'une des choses que j'aime faire, c'est cuisiner. Il est donc très **important pour moi d'**avoir un jardin d'herbes aromatiques bien garni. Le thym, le basilic, l'origan, le romarin, la sauge et la lavande sont quelques-unes des herbes que j'aime faire pousser dans mon jardin pour pouvoir les utiliser lorsque je prépare des repas pour moi ou pour mes **invités**. Une autre chose qui est importante pour moi quand il s'agit de mon jardin, c'est de m'assurer qu'il y a beaucoup de couleurs dans tout le jardin. Pour atteindre cet objectif, je cultive une grande variété de fleurs, notamment des **roses**, des lys, des marguerites, des tulipes, des impatiens, des soucis, etc. En plus d'ajouter de la couleur avec les fleurs, j'aime aussi ajouter de l'intérêt en utilisant différentes **textures** dans le jardin. Par exemple, je peux planter des fougères sous des tournesols imposants ou des hostas à **côté de** graminées ornementales hérissées.

Arusaamise küsimused

1. Kus on autori aed?

2. Mitu kana on autoril?

3. Mida teeb autor iga päev aias?

4. Miks meeldib autorile aed?

5. Milliseid maitsetaimi istutab autor aeda?

6. Miks on autori jaoks oluline, et tema aias on palju värve?

7. Kuidas toob autor oma aeda mitmekesisust?

8. Mida tunneb autor, kui ta oma aias töötab?

9. Mis paneb autorit oma aias viibides ühendama?

10. Miks on iga päev autori aias hea päev?

Questions de compréhension

1. Où se trouve le jardin de l'auteur ?

2. Combien de poulets l'auteur possède-t-il ?

3. Que fait l'auteur dans le jardin tous les jours ?

4. Pourquoi l'auteur aime-t-il le jardin ?

5. Quelles herbes l'auteur plante-t-il dans le jardin ?

6. Pourquoi est-il important pour l'auteur qu'il y ait beaucoup de couleurs dans son jardin ?

7. Comment l'auteur apporte-t-il de la variété à son jardin?

8. Que ressent l'auteur lorsqu'il travaille dans son jardin?

9. Qu'est-ce qui fait que l'auteur se sent connecté quand il est dans son jardin ?

10. Pourquoi chaque jour dans le jardin de l'auteur est-il un bon jour ?

Ostlemas käimine

Mulle meeldib kaubanduskeskuses **šoppamas** käia. Seal on alati nii lõbus ringi jalutada ja kõiki erinevaid poode vaadata. Kaubanduskeskuses on igaühele midagi ja seal on alati hea võimalus leida soodsaid riideid, jalatseid ja aksessuaare. **Tavaliselt** alustan oma ostureisi kaubanduskeskuse **peasissekäiguga.** Sealt suundun kõigepealt oma lemmikpoodidesse. Pärast nende poodide läbivaatamist kõnnin ringi ja vaatan, kas teistes kohtades on käimas mingi soodusmüük. Tavaliselt veedan kaubanduskeskuses paar tundi, enne kui lõpuks oma ostud teen. Mulle meeldib ostude tegemisel alati aega võtta, **sest** ma tahan olla kindel, et saan **täpselt** seda, mida tahan. Pealegi on nii lihtsalt lõbusam!

Minu jaoks on alati nii **põnev** inimesi vaadata, kui ma olen kaubanduskeskuses. Inimese kohta saab tõesti palju öelda selle järgi, kuidas ta ostab. Mõned inimesed on väga metoodilised ja võtavad endale aega, samas kui teised näivad lihtsalt haaravat **kõikvõimalikke asju** ja suunduvad kassasse nii kiiresti kui võimalik. On ka neid ostjaid, kes tunduvad olevat rohkem huvitatud oma mobiiltelefoniga rääkimisest või tekstisõnumite saatmisest kui kauba vaatamisest! Ükskõik, milline ostja sa ka ei oleks, tundub, et kõik naudivad vaateakende

Faire du shopping

J'adore aller **faire du shopping** au centre commercial. C'est toujours très amusant de se promener et de regarder tous les différents magasins. Il y en a pour tous les goûts au centre commercial et c'est toujours l'endroit idéal pour faire des affaires sur les vêtements, les chaussures et les accessoires. Je commence **généralement** mon shopping en passant par l'**entrée** principale du centre commercial. De là, je me dirige d'abord vers mes magasins préférés. Après avoir fait le tour de ces magasins, je me promène pour voir s'il y a des soldes dans d'autres endroits. Je finis généralement par passer quelques heures dans le centre commercial avant de faire mes achats. J'aime toujours prendre mon temps lorsque je fais du shopping, **car** je veux être sûre d'obtenir **exactement** ce que je veux. En plus, c'est plus amusant comme ça !

Je trouve toujours **fascinant** d'observer les gens quand je suis au centre commercial. On peut vraiment en apprendre beaucoup sur une personne par sa façon de faire ses courses. Certaines personnes sont très méthodiques et prennent leur temps, tandis que d'autres semblent prendre **tout ce qu'**elles peuvent et se diriger vers la caisse aussi vite que possible. Il y a aussi les acheteurs qui semblent plus intéressés

ostmist - isegi kui sa tegelikult midagi ei osta. Kõikide ilusate asjade vaatamine **poeakendest** teeb mind lihtsalt õnnelikuks. Mõnikord fantaseerin sellest, mis oleks, kui ma saaksin endale **kõike seda,** mida ma näen, lubada! Kokkuvõttes on kaubanduskeskuses ostlemise päev üks minu lemmikajaveetmistest.
See on suurepärane võimalus lõõgastumiseks ja lõõgastumiseks ning samal ajal saab ka natuke trenni (kui piisavalt palju ringi jalutada). Lisaks on **alati** tore end aeg-ajalt uue särgi või kingapaariga kostitada!

Mul oli **pikk** päev tööl ja lõpuks oli mul aega enda jaoks, nii et otsustasin minna kaubanduskeskusesse sisseoste tegema. Mul oli vaja uusi riideid **eelseisvaks** hooajaks. Kohe, kui ma sisse astusin, nägin kõiki heledaid valgusteid ja säravaid poefronte. Suundusin kõigepealt oma lemmikpoodi ja hakkasin riiuleid sirvima. Leidsin mõned armsad topsid ja proovisin neid riietusruumis. Kui ma ennast peeglist vaatasin, kuulsin, kuidas keegi tuli minu kõrval asuvasse riietusruumi. Ma tundsin tema hääle ära kui ühe oma töökaaslase.

à parler au téléphone portable ou à envoyer des SMS qu'à regarder la marchandise ! Quel que soit le type d'acheteur, tout le monde semble apprécier le lèche-vitrine, même si vous n'achetez rien. Il y a quelque chose qui me rend heureuse dans le fait de regarder toutes ces jolies choses dans les **vitrines des magasins**. Parfois, je m'imagine comment ce serait si je pouvais m'offrir **tout ce que** je vois ! En fin de compte, passer une journée à faire du shopping au centre commercial est l'un de mes passe-temps favoris. C'est un excellent moyen de se détendre et de se relaxer tout en faisant un peu d'exercice (si vous marchez suffisamment). Et puis, c'est **toujours** agréable de s'offrir une nouvelle chemise ou une nouvelle paire de chaussures de temps en temps !

J'ai eu une **longue** journée de travail et j'ai enfin eu du temps pour moi, alors j'ai décidé d'aller faire du shopping au centre commercial. J'avais besoin de nouveaux vêtements pour la saison **à venir**. Dès que je suis entrée, j'ai vu toutes les lumières vives et les façades brillantes des magasins. Je me suis dirigée vers mon magasin préféré en premier et j'ai commencé à parcourir les rayons. J'ai trouvé quelques jolis hauts et les ai essayés dans la cabine d'essayage. Alors que je me regardais dans le miroir, j'ai entendu quelqu'un entrer dans la cabine d'**essayage** à côté de la mienne. J'ai reconnu sa voix comme étant celle d'un de mes collègues de travail.

Arusaamise küsimused

1. Kus teile meeldib kõige rohkem hoiustada?

2. Milline on teie lemmikpood kaubanduskeskuses?

3. Kui kaua te tavaliselt kaubanduskeskuses viibite?

4. Mida arvate inimestest, kes veedavad palju aega kaubanduskeskuses?

5. Mis on teie lemmik asi, mida kaubanduskeskuses teha?

6. Kas olete kunagi ostnud kaubanduskeskusest midagi, mida te tegelikult ei vaja?

7. Kuidas te reageerite, kui näete kaubanduskeskuses midagi, mis teile väga meeldiks, kuid on liiga kallis?

8. Kas olete kunagi näinud kaubanduskeskuses midagi ja mõelnud, kes seda ostaks?

9. Mis on teie arvamus inimestest, kes on kaubanduskeskuses oma mobiiltelefoniga hõivatud, selle asemel et poode vaadata?

Questions de compréhension

1. Où aimez-vous le plus stocker ?

2. Quel est votre magasin préféré dans le centre commercial ?

3. Combien de temps restez-vous habituellement au centre commercial ?

4. Que pensez-vous des personnes qui passent beaucoup de temps au centre commercial ?

5. Quelle est votre activité préférée au centre commercial ?

6. Avez-vous déjà acheté quelque chose au centre commercial alors que vous n'en aviez pas vraiment besoin ?

7. Comment réagissez-vous lorsque vous voyez au centre commercial un article que vous aimeriez vraiment, mais qui est trop cher ?

8. Avez-vous déjà vu quelque chose au centre commercial en vous demandant qui l'achèterait ?

9. Que pensez-vous des personnes qui sont occupées avec leur téléphone portable dans les centres commerciaux au lieu de regarder les magasins ?

Turul

Laupäeva hommikul ärkan varakult, et jõuda **turule,** enne kui see liiga täis saab. Viskan selga mõned riided ja lähen uksest välja, haarates teel oma korduvkasutatavad kotid. Jalutades hakkan planeerima, mida tahan eelseisvaks nädalaks teha. Tean, et tahan vähemalt korra köögivilju **praadida,** seega pean ostma kvaliteetseid köögivilju. Samuti tahan teha suppi või hautist, seega pean hankima ka liha. Pean vaatama, mis tundub hea, kui ma sinna jõuan. Turg on vaid mõne kvartali kaugusel ja ma näen juba üles pandud kioskeid ja **inimesi, kes** seal askeldavad.

Saabun turule ja suundun otse köögiviljalauda. Valik on ilus ja ma täidan oma kotid mitmesuguste **värskete** toodetega. Vestlen veidi aega põllumehega ja ta soovitab mulle mõned retseptid. Olen põnevil, et neid proovida. Vestlen **talunikega,** kui ma poes käin, tutvun nende ja nende toodetega. Kui mul on kõik vajalikud köögiviljad olemas, liigun edasi lihaosakonda. Siin olen veidi kõhklevam, sest ma ei ole kindel, mida ma tahan osta. Lõpuks otsustan kana kasuks, sest see on mitmekülgne ja seda saab kasutada paljudes roogades. Samuti ostan paar erinevat lihalõiku, jälgides, et ma ostaksin rohusöödaga kasvatatud veiseliha ja vabapidamisel kasvatatud **kana.** Lihunik oli sõbralik mees, kes oli alati rõõmsameelne, vaatamata pikkadele

Au marché

Je me réveille tôt le samedi matin, impatiente de me rendre au **marché** avant qu'il ne soit trop fréquenté. Je m'habille et je sors, en prenant mes sacs réutilisables en chemin. En marchant, je commence à planifier ce que je veux faire pour la semaine à venir. Je sais que je veux faire **rôtir des** légumes au moins une fois, donc je vais devoir acheter des légumes de bonne qualité. Je veux aussi faire une soupe ou un ragoût, et je vais donc devoir acheter de la viande. Je verrai bien ce qui me semble bon quand je serai sur place. Le marché n'est qu'à quelques rues d'ici, et je vois déjà les étals installés et les **gens qui** s'agitent.

J'arrive au marché et me dirige directement vers le stand des légumes. La sélection est magnifique, et je remplis mes sacs d'une variété de produits **frais**. Je discute un peu avec le fermier et il me recommande quelques recettes. J'ai hâte de les essayer. Je discute avec les **agriculteurs** pendant que je fais mes courses, pour apprendre à les connaître et à connaître leurs produits. Après avoir acheté tous les légumes dont j'ai besoin, je passe à la section des viandes. Je suis un peu plus hésitante, car je ne suis pas sûre de ce que je veux acheter. J'opte finalement pour du poulet, car il est polyvalent et peut être utilisé dans de nombreux plats. J'achète également quelques morceaux de

töötundidele. Ta pakkis mu kanarindu ja praadi kokku, enne kui vestles minuga oma nädalavahetuse plaanidest. Ma jätsin temaga hüvasti ja jätkasin oma teed. Võtsin piimaosakonnast ka mõned munad ja juustu.

Turg oli täis inimesi, kes kõik soovisid saada **kätte** värsket toodangut ja liha, mida pakuti. Õhk oli tihedalt küüslaugu ja sibula lõhnast tulvil ning naeru ja vestluse heli täitis õhku. Ma liikusin läbi rahvahulga, valides oma iganädalase poe jaoks vajalikke kaupu. Täitsin oma **korvi** puu- ja köögiviljade, makaronide ja leivaga, enne kui suundusin kassasse. Järjekord oli pikk, kuid liikus kiiresti. Lõpuks olid viimased **toidukaubad** ostetud ja oli aeg koju minna. Auto sai täis laaditud ja sõit koju oli pikk ja tüütu. Liiklus oli tihe ja kuumus rõhuv. Lõpuks sõitis auto sissesõiduteele ja kergendus oli käegakatsutav. Maja oli jahe ja vaikne ning see oli varjupaik pärast turuhoogu. Kõik oli ära pandud ja majas valitses peagi jälle tavapärane rahu ja vaikus. Mul oli kõik vajalik, et valmistada endale ja oma perele **maitsvaid** toite. Oli hea olla kodus.

viande différents, en veillant à prendre du bœuf nourri à l'herbe et du **poulet** élevé en plein air. Le boucher est un homme sympathique, toujours de bonne humeur malgré ses longues heures de travail. Il a emballé mes blancs de poulet et mon steak avant de me parler de ses projets pour le week-end. Je lui ai dit au revoir et j'ai continué mon chemin. J'ai également acheté des œufs et du fromage au rayon produits laitiers.

Le marché grouille de gens, tous impatients de mettre la **main sur les** produits frais et la viande proposés. L'odeur de l'ail et des oignons flottait dans l'air, et le son des rires et des conversations était omniprésent. Je me suis frayé un chemin dans la foule, en choisissant les autres articles dont j'avais besoin pour mes courses de la semaine. J'ai rempli mon **panier** de fruits et légumes, de pâtes et de pain, avant de me diriger vers la caisse. La file d'attente est longue, mais elle avance rapidement. Enfin, j'ai acheté les dernières **provisions et il est** temps de rentrer à la maison. La voiture est chargée, et le chemin du retour est long et fastidieux. La circulation est dense et la chaleur est accablante. Enfin, la voiture se gare dans l'allée et le soulagement est palpable. La maison était fraîche et calme, et c'était un havre de paix après l'**agitation** du marché. Tout a été rangé, et la maison a rapidement retrouvé sa tranquillité habituelle. J'avais tout ce dont j'avais besoin pour préparer de **délicieux** repas pour moi et pour ma famille. C'était bon d'être chez soi.

Arusaamise küsimused

1. Kuhu inimene läheb?

2. Mida inimene soovib osta?

3. Mitu kotti on isikul?

4. Kui kaugel on turg?

5. Mida see inimene praegu teeb?

6. Mis on kõik turul?

7. Kui palju inimesi on turul?

8. Kui kaua kulus inimesel aega, et kõik osta?

9. Kuidas inimene koju läks?

10. Mida tegi inimene, kui ta koju jõudis?

Questions de compréhension

1. Où va la personne ?

2. Que veut acheter la personne ?

3. Combien de sacs la personne possède-t-elle ?

4. A quelle distance se trouve le marché ?

5. Que fait la personne en ce moment ?

6. Que se passe-t-il sur le marché ?

7. Combien y a-t-il de personnes sur le marché ?

8. Combien de temps a-t-il fallu à la personne pour tout acheter ?

9. Comment la personne est-elle rentrée chez elle ?

10. Qu'a fait la personne en rentrant chez elle ?

Kohvikus

Oli jahe sügishommik ja ma olin kokku leppinud, et kohtun oma sõbranna Liliga meie lemmikkohvikus kohvi joomiseks. Pakkusin end soojalt mantlisse ja salli ning läksin teele. Puudelt olid lehed langemas ja õhk oli niru, kuid päike paistis ja see lubas tulla ilus päev. Jalutades **mõtlesin**, kui hea on, et mul on selline sõber nagu Lily. Me olime olnud sõbrad juba aastaid, alates sellest ajast, kui kohtusime **ülikoolis**. Meid ühendas meie armastus kohvi vastu ja kohvikutes vesteldes veedetud aeg. Kuigi me elasime nüüd eri linnaosades, õnnestus meil ikkagi kord nädalas kohvile kohtuda. Kui ma kohvikusse jõudsin, ootas Lily mind juba seal. Me kallistasime teineteist tervitades ja tellisime siis oma kohvid. Leidsime laua akna ääres ja asusime vestlema. **Kohv** oli maitsev, nagu alati, ja Lilyga oli nii tore juttu ajada. Rääkisime oma nädalast, oma töökohtadest ja tulevikuplaanidest. Lilyga oli alati nii lihtne rääkida ja ma tundsin, et võin talle kõike rääkida. Mõne aja pärast hakkas meil nälg tekkima ja me **otsustasime** tellida süüa.

Tellisime oma toidu ja leidsime koha akna ääres. Aknast paistis sisse päike, mis tegi kõik soojaks ja rõõmsaks. Me vestlesime oma toitu süües, nautides üksteise **seltskonnas** olemise lihtsat naudingut. Kohvik

Dans un café

C'était un matin d'**automne** frisquet, et j'avais donné rendez-vous à mon amie Lily dans notre café préféré pour prendre un café. Je me suis enveloppée chaudement dans mon manteau et mon écharpe et je suis partie. Les feuilles tombaient des arbres et l'air était glacial, mais le soleil brillait et la journée promettait d'être magnifique. Tout en marchant, j'ai **pensé** à quel point c'était bien d'avoir une amie comme Lily. Nous étions amies depuis des années, depuis notre rencontre à l'**université**. Nous nous sommes liées par notre amour du café et du temps passé à discuter dans les cafés. Même si nous vivions dans des quartiers différents de la ville, nous nous retrouvions pour prendre un café une fois par semaine. Je suis arrivé au café, et Lily était déjà là, à m'attendre. Nous nous sommes embrassées et avons commandé nos cafés. Nous avons trouvé une table près de la fenêtre et nous nous sommes installées pour discuter. Le **café** était délicieux, comme toujours, et c'était si agréable de rattraper le temps perdu avec Lily. Nous avons parlé de notre semaine, de nos emplois et de nos projets pour l'avenir. C'était toujours si facile de parler à Lily, et j'avais l'impression que je pouvais tout lui dire. Après un moment, nous avons commencé à avoir faim et **avons décidé** de commander de la nourriture.

oli küll hõivatud, kuid see ei tundunud rahvarohke.
Õhus valitses rahu ja rahulolu. Kui me oma toidu
valmis saime, istusime veel mõnda aega, nautides
lihtsalt rahulikku **õhkkonda**. Rääkisime mõnda aega
erinevatest asjadest, mis meie elus toimusid. Oli nii
mõnus oma sõbraga juttu ajada ja lihtsalt **lõõgastuda**.
Päike paistis läbi akna ja tundus, et **miski** ei saa meie
täiuslikku päeva rikkuda.

Järsku kuulsin valju kolinat. Pöördusin ringi ja nägin,
et üks mees oli läbi lae kukkunud ja lebas meie ees
põrandal. Ta oli **kaetud** tolmu ja prahiga ning näis
olevat teadvuseta. Minu sõber ja mina olime mõlemad
šokis, kui me põrandal lamavat meest vaatasime.
Me ei teadnud, mida teha või keda appi kutsuda. Me
lihtsalt istusime seal ja vahtisime teda, teadmata, mida
teha. Mõne minuti pärast sain end kokku ja helistasin
hädaabinumbrile. Operaator ütles mulle, et keegi tuleb
varsti kohale. Panin telefoni kinni ja ütlesin oma sõbrale,
mida **operaator** oli öelnud.

Nous avons **commandé notre** nourriture et trouvé un siège près de la fenêtre. Le soleil brillait à travers la fenêtre, rendant le tout chaleureux et joyeux. Nous avons bavardé en mangeant, appréciant le simple plaisir d'être en **compagnie de l'autre**. Le café était occupé, mais il n'y avait pas de foule. Il y avait un sentiment de paix et de satisfaction dans l'air. Après avoir terminé notre repas, nous sommes restés assis un moment de plus, profitant de l'**atmosphère** paisible. Nous avons parlé pendant un moment de différentes choses qui avaient eu lieu dans nos vies. C'était si agréable de rattraper le temps perdu avec mon ami et de **se détendre**. Le soleil brillait à travers la fenêtre, et c'était comme si **rien ne** pouvait gâcher notre journée parfaite.

Soudain, j'ai entendu un grand fracas. Je me suis retourné pour voir qu'un homme avait traversé le plafond et gisait sur le sol devant nous. Il était **couvert** de poussière et de débris et semblait être inconscient. Mon ami et moi étions tous deux sous le choc en regardant l'homme allongé sur le sol. Nous ne savions pas quoi faire ni qui appeler à l'aide. Nous sommes restés assis là, à le regarder, sans savoir quoi faire. Après quelques minutes, je me suis ressaisie et j'ai appelé le 911. L'opérateur m'a dit que quelqu'un arriverait bientôt. J'ai raccroché le téléphone et j'ai raconté à mon ami ce que l'**opérateur avait** dit.

Arusaamise küsimused

1. Kust tuleb mees, kes kukub läbi katuse?

2. Miks on naine koos oma sõbraga kohvikus?

3. Milline on kahe sõbra lemmikkohvik?

4. Kui kaua on need kaks sõpra teineteist tundnud?

5. Mis on kahe sõbra lemmikjook?

6. Millises linnas elavad need kaks sõpra?

7. Kui tihti kohtuvad need kaks sõpra?

8. Millest räägivad kaks sõpra, kui nad esimest korda oma lemmikkohvikus kohtuvad?

9. Mis on kahe sõbra lemmiktoit?

10. Miks on Lilyga nii lihtne rääkida?

Questions de compréhension

1. D'où vient l'homme qui tombe à travers le toit ?

2. Pourquoi la femme est-elle avec son ami dans le café ?

3. Quel est le café préféré des deux amis ?

4. Depuis combien de temps les deux amis se connaissent-ils ?

5. Quelle est la boisson préférée des deux amis ?

6. Dans quelle ville vivent les deux amis ?

7. Combien de fois les deux amis se rencontrent-ils ?

8. De quoi parlent les deux amis lorsqu'ils se rencontrent pour la première fois dans leur café préféré ?

9. Quel est le plat préféré des deux amis ?

10. Pourquoi c'est si facile de parler à Lily ?

Ujumine

Bassein oli alati **värskendav** koht, ja täna ei olnud see teisiti. Päike paistis ja vesi nägi kutsuv välja. Hingasin sügavalt sisse ja sukeldusin, tundes vee jahedat embust. Ujusin mõnda aega ringi, nautides liikumist ja võimalust oma pead puhastada. Mõne aja pärast tulin välja ja kuivatasin end ära, siis istusin rätikule, et päikese käes lõõgastuda. Sulgesin silmad ja lasin **soojusel** end üle ujutada, tundes, kuidas mu lihased hakkavad lõdvestuma. Äkki kuulsin pritsimist ja avasin silmad, et näha oma väikest õde madalas otsas ringi **püherdamas.** Naeratasin ja vaatasin teda mõnda aega, siis tõusin püsti ja läksin tema juurde. Me vestlesime natuke aega ja sõimlesime koos, nautides teineteise seltskonda. Varsti liitusid meiega ka meie vanemad ning me veetsime ülejäänud pärastlõuna koos ujudes ja mängides. Alati oli nii tore veeta aega koos perega basseinis. Vees olemises on **midagi sellist,** mis toob inimesed lihtsalt kokku. Võib-olla sellepärast, et vees olles oleme kõik võrdsed - me ei saa varjata oma vigu ega teeselda, et oleme midagi, mida me ei ole. Või on see lihtsalt sellepärast, et see on lõbus! **Mis iganes** põhjus, mul oli lihtsalt hea meel, et saime kõik kokku tulla ja nautida üksteise seltskonda sellises erilises kohas.

Aller nager

La piscine était toujours un endroit **rafraîchissant**, et aujourd'hui n'était pas différent. Le soleil brillait et l'eau semblait invitante. J'ai pris une profonde inspiration et j'ai plongé, sentant l'étreinte fraîche de l'eau. J'ai fait des longueurs pendant un moment, appréciant l'exercice et la possibilité de me vider la tête. Au bout d'un moment, je suis sorti et me suis séché, puis je me suis assis sur une serviette pour me détendre au soleil. J'ai fermé les yeux et laissé la **chaleur** m'envahir, sentant mes muscles se détendre. Soudain, j'ai entendu une éclaboussure et j'ai ouvert les yeux pour voir ma petite sœur **pagayer dans la** partie peu profonde. J'ai souri et je l'ai regardée pendant un moment, puis je me suis levée et je suis allée vers elle. Nous avons bavardé un peu et pataugé ensemble, appréciant la compagnie de l'autre. Nos parents nous ont bientôt rejoints et nous avons passé le reste de l'après-midi à nager et à jouer ensemble. C'était toujours très agréable de passer du temps avec la famille à la piscine. Il y a **quelque chose** dans le fait d'être dans l'eau qui semble rassembler les gens. Peut-être est-ce parce que nous sommes tous égaux lorsque nous sommes dans l'eau - nous ne pouvons pas cacher nos défauts ou prétendre être ce que nous ne sommes pas. Ou peut-être est-ce simplement parce que c'est amusant ! **Quelle que soit la** raison, j'étais simplement heureuse que nous

Päike peksis mu nahale ja õhus oli kloorilõhn. Kuulsin laste naeru ja basseinis pritsimist. Lamasin basseini kõrval oleval lamamistoolil, imesin päikest ja **nautisin** päeva. Mul olid silmad kinni ja ma olin just unne vajumas, kui kuulsin, kuidas keegi minu juurde kõndis. Avasin silmad ja nägin enda kõrval seisvat naist. Tal olid seljas bikiinid ja tal oli rätik ümber vöökoha. Tal olid pikad blondid juuksed ja sinised silmad. Ta hoidis käes pudelit **päikesekreemi.** "Kas sa ei pahanda, kui ma panen sulle selga päikesekreemi?" küsis ta. "Ei, sobib küll," ütlesin, istudes püsti, et ta saaks mu seljale ligi. Tundsin tema käsi mu nahal, kui ta päikesekreemi peale kandis.

Tema puudutus oli õrn ja päikesekreemi lõhn oli rahustav. Sulgesin taas silmad ja lasin end lõdvestada. Kuulsin tema liikumist, kuid ma ei avanud silmi. Olin rahul, kui ma lihtsalt lamasin seal päikese käes, kuulates vastu kalda **loksuvate** lainete heli. Mõne minuti pärast läks ta minema ja ma avasin silmad. Jälgisin teda, kui ta kõndis tagasi oma lamamistooli juurde ja võttis raamatu kätte.

puissions tous nous réunir et profiter de la compagnie des autres dans un endroit aussi spécial.

Le soleil tapait sur ma peau et l'odeur du chlore flottait dans l'air. J'entendais le bruit des enfants qui riaient et barbotaient dans la piscine. J'étais allongée sur une chaise **longue près de la** piscine, profitant du soleil et **de la** journée. J'avais les yeux fermés et j'étais sur le point de m'endormir lorsque j'ai entendu quelqu'un s'approcher de moi. J'ai ouvert les yeux et j'ai vu une femme debout à côté de moi. Elle portait un bikini et avait une serviette enroulée autour de sa taille. Elle avait de longs cheveux blonds et des yeux bleus. Elle tenait une bouteille de **crème solaire** dans sa main. "Ça te dérange si je mets de la crème solaire sur ton dos ?" a-t-elle demandé. "Non, ça va", ai-je répondu, en me redressant pour qu'elle puisse atteindre mon dos. J'ai senti ses mains sur ma peau alors qu'elle appliquait la crème solaire.

Son toucher était doux et l'odeur de la crème solaire était apaisante. J'ai fermé les yeux à nouveau et me suis laissé aller à la détente. Je pouvais entendre le **bruit** de ses mouvements, mais je n'ai pas ouvert les yeux. Je me contentais de rester allongé au soleil, en écoutant le bruit des vagues qui **s'écrasaient** sur le rivage. Après quelques minutes, elle s'est éloignée, et j'ai ouvert les yeux. Je l'ai regardée retourner vers sa chaise longue et prendre son livre.

Arusaamise küsimused

1. Kus oli jutustaja jutustuse alguses?

2. Mida haistab jutustaja, kui ta silmad avab?

3. Mida kuuleb jutustaja, kui ta silmad avab?

4. Kelle päikesekaitsekreemi annab naine jutustajale?

5. Millest unistab jutustaja?

6. Miks on meres ujumine jutustaja jaoks nii eriline?

7.Kuidas tundub vesi, milles jutustaja ujub?

8. Mida näeb jutustaja, kui ta veest välja tuleb?

9. Mida teeb naine pärast seda, kui ta
päikesekaitsekreemi jutustaja peale paneb?

10. Millest räägivad jutustaja ja naine loo lõpus?

Questions de compréhension

1. Où se trouvait le narrateur lorsqu'il a commencé l'histoire ?

2. Que sent le narrateur lorsqu'il ouvre les yeux ?

3. Qu'entend le narrateur lorsqu'il ouvre les yeux ?

4. A qui la femme donne-t-elle de la crème solaire au narrateur ?

5. De quoi le narrateur rêve-t-il ?

6. Pourquoi la baignade dans la mer est-elle si spéciale pour le narrateur ?

7. quelle est la sensation de l'eau dans laquelle nage le narrateur ?

8. Que voit le narrateur quand il sort de l'eau ?

9. Que fait la femme après avoir mis la crème solaire sur le narrateur ?

10. De quoi le narrateur et la femme parlent-ils à la fin de l'histoire ?

Muru niitmine

Kell on 10 hommikul suvisel **laupäeval** ja päike paistab juba halastamatult. Sa trügid garaaži, et muruniidukit tuua, tundes, et sind on **mõistetud** raskele tööle. Hakkate muru niitma, hoolitsedes selle eest, et käiksite kenasti ja aeglaselt, et mitte ühtegi kohta vahele jätta. Niitmise ajal mõtlete, kui hea tunne on olla värskes õhus. Kui hakkate niidukit üle muru edasi-tagasi lükkama, näete **silmanurgast** oma naabrit. Te lehvitate ja ütlete tere, ja ta lehvitab tagasi.

Mõne minuti pärast olete valmis ja lähete naabri juurde, et koos temaga eesaias õlut juua. See on **ideaalne** päev - mitte liiga kuum, puhub kerge tuul. Istute seal puu varjus, rüübates õlut ja vesteldes naabriga. Just sellised päevad panevad sind suveaega hindama. Siis **suundute** siseruumidesse hästi teenitud õlut võtma. Langete esikusse toolile ja avate purgi, lastes rahulolevalt ohkama. Niiduki heli jääb tahaplaanile, kui sa lõõgastud varjus, nautides hetke **rahulikkust.** Õlu maitseb eriti hästi pärast kogu seda rasket tööd kuumuses. Olin just suundumas sisse, kui kuulsin kõrvalmajas müra.

See **kõlas** nagu keegi oleks nutnud. Ma lõpetasin niitmise ja läksin aia juurde, mis eraldas meie õueid. Vaatasin üle ja nägin oma naabrit, proua Johnsoni,

Tonte de la pelouse

Il est 10 heures du matin, un **samedi d'**été, et le soleil tape déjà sans pitié. Vous vous frayez un chemin jusqu'au garage pour aller chercher la tondeuse à gazon, avec l'impression d'être **condamné** aux travaux forcés. Vous commencez à tondre la pelouse, en veillant à aller doucement pour ne pas manquer d'endroits. Pendant que vous tondez, vous pensez à tout le bien que cela fait d'être dehors à l'air frais. Alors que vous commencez à pousser la tondeuse d'avant en arrière sur la pelouse, vous apercevez votre voisin du coin de l'**œil**. Vous lui faites signe et lui dites bonjour, et il vous répond.

Après quelques minutes, vous avez terminé, et vous vous rendez chez votre voisin pour prendre une bière avec lui dans le jardin de devant. C'est une journée **parfaite**, il ne fait pas trop chaud et une légère brise souffle. Vous êtes assis à l'ombre de l'arbre, sirotant votre bière et discutant avec votre voisin. Ce sont des jours comme celui-ci qui vous font apprécier l'été. Puis vous rentrez à l'intérieur pour prendre une bière bien méritée. Vous vous installez sur une chaise sous le porche et ouvrez la canette, en poussant un soupir de satisfaction. Le bruit de la tondeuse s'estompe et vous vous détendez à l'ombre, profitant de la **tranquillité**

kes nuttis oma veranda kiigel. Hüüdsin talle, kuid ta ei kuulnud mind. Ronisin üle aia ja kõndisin tema juurde. "Proua Johnson, kas teil on kõik korras?" Küsisin. Ta vaatas mulle pisarad silmis otsa ja raputas pead. "Ei, ma ei ole korras," ütles ta. "Mu kass suri eile." Ma olin šokeeritud. Ma ei teadnud, mida öelda. Seisin lihtsalt kohmetult, teadmata, mida teha. Lõpuks panin käe tema **õlale** ja ütlesin: "Mul on väga kahju, proua Johnson. Kui ma saan kuidagi aidata, palun andke mulle teada. " Ta raputas pead ja ütles: "Ei, keegi ei saa **midagi** teha." Siis tõusis ta püsti ja läks oma majja. Seisin seal hetkeks, teadmata, mida teha. Siis läksin tagasi muru niitma. Kui ma lõpetasin, ei saanud ma muud teha, kui mõtlesin proua Johnsonile ja tema kassile.

du moment. La bière a un goût extra bon après tout ce dur travail dans la chaleur. J'étais sur le point de rentrer quand j'ai entendu un bruit à côté.

On aurait dit que quelqu'un pleurait. J'ai arrêté de tondre et j'ai marché jusqu'à la clôture qui séparait nos jardins. J'ai jeté un coup d'œil par-dessus et j'ai vu ma voisine, Mme Johnson, pleurer sur sa balançoire sous le porche. Je l'ai appelée, mais elle ne m'a pas entendue. J'ai escaladé la clôture et j'ai marché jusqu'à elle. "Mme Johnson, vous allez bien ?" J'ai demandé. Elle a levé les yeux vers moi, les larmes aux yeux, et a secoué la tête. "Non, je ne vais pas bien", a-t-elle dit. "Mon chat est mort hier." J'étais choquée. Je n'ai pas su quoi dire. Je suis restée là, maladroitement, sans savoir quoi faire. Finalement, j'ai posé ma main sur son **épaule** et j'ai dit : "Je suis vraiment désolée, Mme Johnson. Si je peux faire quelque chose pour vous aider, faites-le moi savoir". "Elle a secoué la tête et a dit : "Non, il **n'y a rien que** personne ne puisse faire". Puis elle s'est levée et est entrée dans sa maison. Je suis resté là un moment, ne sachant pas quoi faire. Puis je suis retourné tondre ma pelouse. En terminant, je n'ai pu m'empêcher de penser à Mme Johnson et à son chat.

Arusaamise küsimused

1. Mis kellaaeg on?

2. Kus inimene niidab?

3. Kuidas inimene end tunneb?

4. Miks peab inimene niitma aeglaselt?

5. Milline ilm on?

6. Mida teeb inimene pärast niitmist?

7. Mida kuuleb inimene enne koju minekut?

8. Kes on koos proua Johnsoniga?

9. Miks proua Johnson nutab?

10. Mida ütleb isik proua Johnsonile?

Questions de compréhension

1. Quelle heure est-il ?

2. Où se trouve la personne qui tond ?

3. Comment la personne se sent-elle ?

4. Pourquoi la personne doit-elle tondre lentement ?

5. Quel est le temps qu'il fait ?

6. Que fait la personne après avoir fauché ?

7. Qu'entend la personne avant de rentrer chez elle ?

8. Qui est avec Mme Johnson ?

9. Pourquoi Mme Johnson pleure-t-elle ?

10. Que dit la personne à Mme Johnson ?

Juukselõikuse saamine

Ma olin juba nädalaid tahtnud juuksurile minna, kuid kuidagi õnnestus mul seda alati edasi lükata. Aga kuna **jõulud on** kohe nurga taga, teadsin, et ei saa seda enam edasi lükata. Ma ei tahtnud ilmuda oma pere jõuluõhtusöögile räpase välimusega. Nii et jõuluhommikul läksin varakult salongi. Kuigi oli vara, oli salong juba hõivatud teiste inimestega, **kes olid** pühadeks juukseid tegemas. Võtsin oma koha järjekorras ja ootasin oma järjekorda. Lõpuks oli minu kord toolis. Stilist, sõbralik naine nimega Jill, küsis minult, mida ma soovin. "Lihtsalt trimmi, mitte midagi liiga drastilist," vastasin. Jill asus tööle, lõigates mu juukseid. Kui ta töötas, hakkasin ma lõdvestuma. Tundus hea, et ma lõpuks ometi hoolin enda eest. Olin viimasel ajal nii palju tööd teinud, jooksnud ringi, hoolitsedes kõigi teiste eest, et olin lasknud omaenda vajadused kõrvale jätta. Aga **enam** mitte. Nüüdsest peale võtsin ma endale aega.

Kui Jill oli lõpetanud, vaatasin peeglisse ja olin rahul sellega, mida nägin. Mu juuksed nägid välja korrastatud ja lihvitud - ideaalsed pühade puhul. Ma **tänasin** Jilli ja panin **endale kirja,** et tuleksin sagedamini tagasi. Nüüdsest peale hoolin ma eelkõige enda eest. Ta asus

Se faire couper les cheveux

Cela faisait des semaines que je voulais me faire couper les cheveux, mais j'arrivais toujours à remettre ça à plus tard. Mais à l'approche de **Noël, je** savais que je ne pouvais plus attendre. Je ne voulais pas me présenter au dîner de Noël de ma famille avec une coiffure débraillée. Alors, tôt le matin de Noël, je me suis rendue au salon. Même s'il était tôt, le salon était déjà occupé par d'autres personnes qui **se faisaient** coiffer pour les fêtes. J'ai pris ma place dans la file d'attente et j'ai attendu mon tour. Enfin, c'était mon tour sur la chaise. La styliste, une femme sympathique nommée Jill, m'a demandé ce que je voulais. "Juste une coupe, rien de trop radical", ai-je répondu. Jill s'est mise au travail, coupant mes cheveux. Pendant qu'elle travaillait, j'ai commencé à me détendre. C'était bon de prendre enfin soin de moi. J'avais été tellement occupé ces derniers temps, à courir partout pour m'occuper de tout le monde, que j'avais laissé mes propres besoins de côté. Mais plus **maintenant**. A partir de maintenant, j'allais prendre du temps pour moi.

Lorsque Jill a terminé, je me suis regardée dans le miroir et j'étais ravie de ce que je voyais. Mes cheveux étaient soignés et polis, parfaits pour les fêtes de fin d'année. J'ai **remercié** Jill et j'ai noté **mentalement** de

mu juukseid kärpima. Mõtlesin, kui tänulik olin, et olin lõpuks ometi jõudnud juuksurile minna. Oli hea teada, et näen **jõuluõhtusöögiks** esinduslik välja. Enam ei pidanud ma muretsema, et mu perekond kiusab mind mu "räpase" välimuse pärast. Mõne minuti pärast oli stilist mu juukseid viimistlenud ja föönitas mind kiiresti. Vaatasin peeglisse ja olin rahul sellega, mida nägin - puhas välimus, mis sobiks ideaalselt jõuluõhtusöögiks. Nüüd, kui mu juukselõikus oli tehtud, võisin keskenduda pühade nautimisele koos perega. Ja olin selle eest veelgi tänulikum.

See tundus nii **vabastav** ja mulle meeldis, kuidas mu uus soeng välja nägi. Pärast seda, kui olin juukselõikuse eest maksnud, läksin koju ja hakkasin reisiks pakkima. Ma **ei suutnud** ära oodata, et oma uut välimust oma perele ja sõpradele näidata. Ma teadsin, et nad oleksid üllatunud, kui nad mind näeksid. Lennupäeval jõudsin lennujaama, kus mul oli piisavalt aega. Läksin probleemideta läbi turvakontrolli ja peagi olin juba teel. Niipea, kui ma sihtkohta jõudsin, tundsin õhus valitsevat põnevust. Jõulud olid kindlasti õhus! Mu pere oli mind lennujaamas tervitamas ja nad kõik olid mu uue juukselõikuse üle üllatunud.

revenir plus souvent. À partir de maintenant, je prendrai soin de moi d'abord et avant tout. Elle s'est mise au travail en coupant mes cheveux. J'ai pensé à combien j'étais reconnaissante d'avoir enfin pris le temps de me faire couper les cheveux. Je me sentais bien de savoir que j'allais être présentable pour le **repas de** Noël. Je n'aurais plus à m'inquiéter des taquineries de ma famille sur mon apparence "débraillée". Après quelques minutes, le coiffeur a fini de me couper les cheveux et m'a fait un rapide brushing. Je me suis regardé dans le miroir et j'étais heureux de ce que je voyais - un look propre qui serait parfait pour le dîner de Noël. Maintenant que ma coupe de cheveux était terminée, je pouvais me concentrer sur les vacances avec ma famille. Et j'en étais encore plus reconnaissante.

Je me suis sentie tellement **libérée** et j'ai adoré le look de ma nouvelle coupe de cheveux. Après avoir payé ma coupe, je suis rentrée chez moi et j'ai commencé à faire mes bagages pour mon voyage. J'**avais hâte** de montrer mon nouveau look à ma famille et à mes amis. Je savais qu'ils seraient surpris en me voyant. Le jour de mon vol, je suis arrivée à l'aéroport avec beaucoup de temps devant moi. J'ai passé le contrôle de sécurité sans problème et j'ai rapidement pris la route. Dès que je suis arrivé à destination, j'ai senti l'excitation dans l'air. Il y avait vraiment de l'air pour Noël ! Ma famille était là pour m'accueillir à l'aéroport, et ils étaient tous étonnés de ma nouvelle coupe de cheveux.

Arusaamise küsimused

1. Mida pidi peategelane enne jõule tegema?

2. Kuidas tundis peategelane, kuidas ta enda eest hoolitses?

3. Kes trimmis peategelase juukseid?

4. Miks peategelase perekond teda kiusab?

5. Kuidas tundis peategelane end pärast juukselõikuse saamist?

6. Mida tegi peategelane pärast seda, kui ta sai oma juukseid lõigatud?

7. Kuidas reageeris peategelase perekond tema juukselõikusele?

8. Mida tegi peategelane jõuluõhtul?

9. Mis tegi peategelase kogemuse erilisemaks?

10. Mis juhtuks, kui peategelane ei saaks juukseid lõigata?

Questions de compréhension

1. Que devait faire le protagoniste avant Noël ?

2. Que pense la protagoniste du fait de prendre soin d'elle ?

3. Qui a taillé les cheveux du protagoniste ?

4. Pourquoi la famille de la protagoniste allait-elle se moquer d'elle ?

5. Qu'a ressenti la protagoniste après s'être fait couper les cheveux ?

6. Qu'a fait la protagoniste après s'être fait couper les cheveux ?

7. Quelle a été la réaction de la famille de la protagoniste à sa coupe de cheveux ?

8. Qu'a fait le protagoniste la veille de Noël ?

9. Qu'est-ce qui a rendu l'expérience du protagoniste plus spéciale ?

10. Que se passerait-il si le protagoniste ne se faisait pas couper les cheveux ?

Park

Päike oli loojumas ja park oli tühi. Istusin pingil ja ootasin oma **sõpra**. Meil oli plaanis siin tund aega tagasi kohtuda, kuid ta jäi alati hiljaks. Just siis, kui olin just loobumas ja koju minemas, nägin teda minu poole jooksmas.

"Mul on nii kahju," ohkas ta pingile jõudes. "Mu rong **hilines**."

"See on okei," ütlesin ma **andestavalt**. "Ma ise just jõudsin siia."

Me istusime maha ja vestlesime mõnda aega, rääkides üksteise elust alates viimasest kohtumisest. Vestlus kulges **kergesti** ja tundus, et viimasest kokkusaamisest ei ole üldse aega möödunud. Kui päike loojus, jätsime hüvasti ja läksime oma teed. Järgmine kord kohtusime teises pargis. Ta oli jälle hiljaks jäänud, kuid mind ei häirinud see. Oli tore, et oli keegi, kellega rääkida, kes mind **mõistis.** Me rääkisime oma unistustest ja **püüdlustest**, asjadest, mida me tahtsime oma eluga teha. Ta rääkis mulle oma plaanidest reisida mööda maailma ja mina jagasin oma unistust saada kirjanikuks. Kui päike loojus, jätsime veel kord hüvasti, lubades seekord ühendust hoida.

Aastad möödusid ja meie **sõprus** jäi tugevaks, kuigi me elasime nüüd erinevates riigiosades. Me

Le parc

Le soleil se couchait, et le parc était vide. Je me suis assise sur un banc, attendant mon **amie**. Nous avions prévu de nous retrouver ici il y a une heure, mais elle était toujours en retard. Au moment où j'allais abandonner et rentrer chez moi, je l'ai vue courir vers moi. "Je suis vraiment désolée", a-t-elle haleté en atteignant le banc. "Mon train a été **retardé**." "C'est bon", ai-je dit **avec indulgence**. "Je viens juste d'arriver." Nous nous sommes assis et avons bavardé pendant un certain temps, prenant des nouvelles de la vie de chacun depuis notre dernière rencontre. La conversation était fluide **et nous avions** l'impression que le temps n'avait pas passé depuis notre dernière rencontre. Au coucher du soleil, nous nous sommes dit au revoir et avons pris des chemins différents. La fois suivante, c'était dans un autre parc. Encore une fois, elle était en retard, mais ça ne m'a pas dérangé. C'était agréable d'avoir quelqu'un à qui parler et qui me **comprenait**. Nous avons parlé de nos rêves et de nos **aspirations**, des choses que nous voulions faire de nos vies. Elle m'a parlé de son projet de voyager dans le monde entier, et j'ai partagé mon rêve de devenir écrivain. Alors que le soleil se couchait sur un autre jour, nous nous sommes dit au revoir une fois de plus, en promettant de rester en contact cette fois-ci.

hoidsime ühendust kirjade ja aeg-ajalt telefonikõnede kaudu, jagades üksteisega uudiseid oma elust. Kui ta teatas, et kavatseb abielluda, ei olnud ma **üllatunud** - ta oli alati olnud **seiklushimuline** tüüp. Aga kui ta küsis minult, kas ma oleksin tema pruutneitsi tema pulmatseremoonial, mis toimub minu elukohast teisel pool maakera... see nõudis veenmist! Lõpuks ei saanud ma siiski lasta oma parimal sõbrannal abielluda ilma minuta tema kõrval, nii et vaatamata oma hirmudele (ja pärast tema palvetamist) **olin nõus** minema kaasa, mis osutus elu suurimaks **seikluseks.**

Lõpuks saabus **pulmapäev.** Olin närvis, kuid põnevil, et võin olla osa nii olulisest hetkest oma sõbra elus. Tseremoonia oli ilus ja ta nägi õnnelik välja, kui ta oma tõotusi ütles. **Pärast seda** tähistasime seda suure peoga - tundus, et kõik tema tuttavad olid tulnud temaga koos pidutsema! See oli **maagiline** päev, mida ma ei unusta kunagi, ja meie sõprus kasvas pärast seda seiklust ainult tugevamaks. Nüüd, aastaid hiljem, hoiame ikka veel ühendust. Me mõlemad oleme pärast esimest kohtumist palju **muutunud, kuid** meie sõprus on sama tugev kui kunagi varem.

Les années ont passé, et notre **amitié** est restée forte, même si nous vivions désormais dans des régions différentes du pays. Nous sommes restés en contact par des lettres et des appels téléphoniques occasionnels, partageant les nouvelles de nos vies respectives. Lorsqu'elle a annoncé qu'elle allait se marier, je n'ai pas été **surpris** - elle avait toujours été du genre **aventureux**. Mais lorsqu'elle m'a demandé si j'accepterais d'être sa demoiselle d'honneur à la cérémonie de son mariage qui se déroulait à l'autre bout du monde, loin de chez moi... il a fallu la convaincre ! En fin de compte, je ne pouvais pas laisser ma meilleure amie se marier sans moi à ses côtés, alors malgré mes craintes (et après qu'elle m'ait beaucoup suppliée !), j'ai **accepté de participer à** ce qui s'est avéré être l'**aventure** de ma vie.

Le jour du **mariage** est enfin arrivé. J'étais nerveux, mais excité de faire partie d'un moment si important dans la vie de mon amie. La cérémonie était magnifique, et elle avait l'air heureuse en prononçant ses vœux. **Ensuite,** nous avons fait une grande fête - on aurait dit que tous ses proches étaient venus célébrer avec elle ! C'était un jour **magique** que je n'oublierai jamais, et notre amitié n'a fait que se renforcer après cette aventure. Aujourd'hui, des années plus tard, nous restons toujours en contact. Nous avons toutes deux beaucoup **changé** depuis notre première rencontre, mais notre amitié est plus forte que jamais.

Arusaamise küsimused

1. Kus kohtusid autor ja tema sõber esimest korda?

2. Miks hilines autori sõber nende kohtumisele?

3. Millest rääkisid sõbrad, kui nad aastaid hiljem uuesti kohtusid?

4. Kuidas tundis autor oma sõbra pulmatseremoonial osalemist?

5. Kirjeldage pulmatseremoonia toimumiskohta.

6. Kuidas on kahe naise vaheline sõprus aja jooksul muutunud?

7. Mis on autori unistus?

8. Kuhu kavatseb autori sõber reisida?

9. Miks kõhkles autor oma sõbra pulmatseremoonial osaleda?

Questions de compréhension

1. Où l'auteur et son ami se sont-ils rencontrés pour la première fois ?

2. Pourquoi l'ami de l'auteur était-il en retard à leur réunion ?

3. De quoi les amis ont-ils parlé lorsqu'ils se sont retrouvés des années plus tard ?

4. Qu'a ressenti l'auteur en assistant à la cérémonie de mariage de son amie ?

5. Décrivez le cadre de la cérémonie de mariage.

6. Comment l'amitié entre les deux femmes a-t-elle évolué au fil du temps ?

7. Quel est le rêve de l'auteur ?

8. Où l'ami de l'auteur prévoit-il de voyager ?

9. Pourquoi l'auteur a-t-elle hésité à assister à la cérémonie de mariage de son amie ?